SOMMAIRE

LE TIBET
UNE CIVILISATION BLESSÉE

Françoise Pommaret

DÉCOUVERTES GALLIMARD
HISTOIRE

De quel Tibet parle-t-on ? De celui qui est représenté par les Tibétains en exil ? Du Tibet culturel ? De l'espace géographique ? Ou du Tibet tel qu'il est défini dans le cadre de la République populaire de Chine ? En 1959, un appel à la résistance paru dans le journal *The Tibet Mirror*, publié à Kalimpong en Inde, s'adressait non pas aux Tibétains mais à « tous les mangeurs de tsampa », tant la farine d'orge grillé est symbolique de l'identité tibétaine. Mais sous ce raccourci se cachent une réalité et un espace complexes.

CHAPITRE 1

ESPACE ET IDENTITÉ

Les drapeaux à prières multicolores mélangés à des écharpes blanches sont une constante du paysage (à gauche). Ils ornent les cols mais aussi les lieux sacrés. La conversion du Tibet au bouddhisme est, en outre, illustrée par ce croquis d'une démone symbolisant le pays : des temples, plantés sur son cœur et ses articulations, la clouent au sol pour la soumettre et la subjuguer.

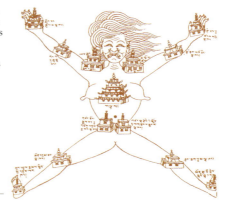

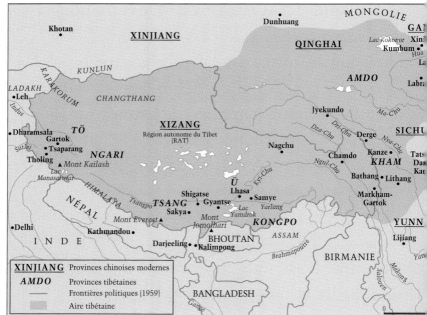

Les espaces tibétains

Le mot Tibet recouvre des espaces différents selon que l'on considère le point de vue ethnique, culturel, historique ou contemporain. Ceci explique la prudence avec laquelle il faut considérer les rares statistiques. Il convient donc de préciser les différentes acceptions du terme et définir celui employé ici.

L'aire d'influence tibétaine recouvre une superficie gigantesque allant du Ladakh, à l'ouest, à la Mongolie, au nord, au Népal et au Bhoutan au sud. Certaines de ces régions, qui ont reçu l'influence religieuse et culturelle tibétaine à des degrés divers, ne font aujourd'hui pas partie du Tibet : soit elles sont indépendantes (Bhoutan, Mongolie), soit elles appartiennent à d'autres nations (Ladakh, Zangskar, Spiti, Lahul, Nord Kinnaur, Sikkim, nord de l'Arunachal Pradesh sont

Cette carte montre l'étendue de l'aire culturelle tibétaine appartenant aujourd'hui à la Chine, avec le nom des provinces tibétaines traditionnelles et les noms chinois. Le Tibet est un plateau de haute altitude (environ 4 000 mètres), traversé par des chaînes de montagnes (6 000 mètres) et encerclé par d'autres : Himalaya au sud et à l'ouest, Kunlun au nord, Byan Kara à l'est. Des gorges ou des couloirs permettent l'accès aux pays avoisinants.

indiens; Mugu, Dolpo, Manang, Mustang, Yolmo/Helambu, Pays sherpa et nord de l'Arun sont népalais).

Le Tibet ethnique et culturel, plus restreint, a toutefois une superficie d'environ 3 800 000 km², soit sept fois la France, et aurait une population tibétaine d'un peu plus de 6 millions. Il représente 1/4 de la superficie de la Chine dans ses frontières actuelles (9 600 000 km²) mais seulement 0,46 % de sa population. Il comprend les grandes provinces tibétaines de l'Amdo, du Kham (Tibet de l'Est), du U, du Tsang (Tibet central) et du Ngari (Tibet de l'Ouest). Celles-ci se divisent ensuite en régions plus petites qui ont parfois une histoire bien spécifique, comme par exemple le Dagpo, Kongpo, Lhodrak, Powo, Nangchen, Derge, Gyelrong, Nyarong, Gyelthang, Trehor ou Guge.

Il est impossible de parler dans l'absolu de Tibet historique car ses frontières ont varié selon les époques, allant jusqu'à Dunhuang sur la Route de la Soie et au Nord Yunnan, englobant le Ladakh et certaines régions du nord de l'Inde et du Népal au VIIIe siècle, mais s'arrêtant à l'est au fleuve Yangze au début du XXe siècle. Un Tibet historique n'a de réalité que dans le cadre défini d'une période. Il n'existe pas en chinois de terme englobant toutes les régions du Tibet ethnique. De même, il n'y a pas en tibétain de terme désignant l'ensemble « Chine des Han et Tibet ». Le nom de la Chine en chinois, *Zhongguo*, « Pays du Milieu », n'englobe pas le Tibet, et les Tibétains appellent la Chine *Gyanak*, « l'Étendue noire ».

Pour le gouvernement tibétain, en exil depuis 1959, Tibet s'applique au Tibet ethnique et culturel dans son ensemble, désigné par le terme de *Pö*

Les chortens – en sanskrit (skt) : *stupa* – sont des monuments reliquaires, commémoratifs ou de subjugation qui parsèment le paysage (ici au monastère de Maochok, 4 200 mètres, au Lhodrak). De formes légèrement différentes selon les régions, ils symbolisent l'esprit du Bouddha et sont bien sûr sacrés. Comme les drapeaux à prières, ils en sont venus à symboliser une part de l'identité tibétaine. En fait, la position du bouddhisme par rapport à l'identité est ambiguë et complexe. Il semble qu'aujourd'hui, avec l'occupation chinoise et l'exil d'une partie de la population, le bouddhisme est devenu une manifestation de l'identité qui ne serait pas religieuse *stricto sensu* mais aussi fortement politique et revendicatrice.

ཀ་གི་འདྲས་ཏེ་རིག་པ་སྐྱེ་བསྐྱེད་པ་དང་། འགག་པ་བསྐྱེད་པ་དང་། ཀུན་ནས་ཉོན་མོངས་པ་སྐྱེད་པ་དང་། རྣམ་པར་བྱང་བ་སྐྱེད་པའི་ཕྱིར་ཆོས་སྐྱེད་དོ། སྐྱེའི་འདུས་པ་ག་ལ་སྐྱེ་བསྐྱེད་པ་དང་། འགག་པ་བསྐྱེད་པ་དང་། ཀུན་ནས་ཉོན་མོངས་པ་སྐྱེད་པ་

Chölka sum (« Le Tibet des trois provinces » : U-Tsang, Kham et Amdo). Les scientifiques, s'ils reprennent en général le terme Tibet dans son acception ethnique et culturelle, ajoutent aussi le nom tibétain de la province dont ils parlent et son nom chinois actuel.

Aujourd'hui pour les Chinois, Tibet (*Xizang*, « Maison des trésors de l'Ouest ») ne s'applique qu'à la Région autonome du Tibet (RAT créée en 1965) avec pour capitale Lhasa. Ses 1 200 000 km² recouvrent les provinces du U, du Tsang et du Ngari, ainsi que la partie occidentale du Kham, qui a pour capitale Chamdo. Le dépècement du reste du Grand Tibet a commencé au début du XVIIIᵉ siècle avec une partie de la province de l'Amdo. Au début du XXᵉ siècle, une partie du Kham devient nominalement une province appelée *Xikang*, qui sera abolie par les communistes en 1955. Aujourd'hui, la province de l'Amdo appartient à trois provinces chinoises : le Qinghai, le Gansu et le Sichuan ; de même, la province du Kham est éclatée entre le Sichuan, le Yunnan et la RAT. Pour des raisons de commodité, sauf précision, le terme Tibet est utilisé ici dans le sens du Tibet ethnique et culturel.

Le nom

Comme souvent, le pays est connu sous plusieurs noms, selon les cultures. Le nom

L'écriture tibétaine (ci-dessus, manuscrit bouddhique en écriture dite « d'imprimerie », Khachu, Tibet central) est dérivée d'une écriture indienne du VIIᵉ siècle. C'est un syllabaire de trente consonnes et cinq voyelles. Adaptée à une langue monosyllabique à tons, elle a donné naissance à une orthographe complexe afin de différencier des mots de sens différents mais qui ont une prononciation proche. Ainsi certaines consonnes se combinent pour donner des sons différents, comme *zl* qui se prononce *d*, se souscrivent ou s'ajoutent avant ou après la consonne radicale pour différencier les mots : ainsi *lha*, *la* et *bla* se prononcent « la » et signifient dieu, col et âme. L'écriture se lit de gauche à droite ; il n'y a ni majuscules, ni ponctuation, ni paragraphes, et un mot peut être composé de deux monosyllabes. Il existe une écriture dite « d'imprimerie » et des écritures cursives. Les livres sont manuscrits ou imprimés à partir de planches de bois gravées (xylographie).

occidental Tibet vient de l'arabe *Tübbet/Tubbat* qui vient lui-même de *Töpän/Töput* du dialecte turco-mongol des populations Tuyuhun avec lesquelles les Arabes étaient entrés en contact. Les Chinois appellent le Tibet ancien de l'empire *Tufan* ou *Tubo*. Les Tibétains appellent leur pays *Pö* (*Bod*), mais cet ethnonyme a deux significations selon

Les Tibétaines sont robustes et dures à la tâche. Même lorsqu'elles accompagnent un troupeau, elles filent la laine (ci-dessous), et le fuseau est le symbole féminin par excellence qui

le contexte. Entre Tibétains, il désigne généralement le Tibet central, les provinces orientales du Kham et l'Amdo gardant leur appellation propre de *Dokham*. Cependant, cette acception populaire interne ne signifie pas que les populations du Kham et de l'Amdo ne se considèrent pas comme *Pöpa*, « Tibétains », dans un contexte plus large. Ainsi en Amdo et au Kham l'expression *Gya Pö nyi*, « la Chine et le Tibet, les deux » implique que ces deux provinces font partie du *Pö*, du Tibet. Face aux étrangers et surtout aux Chinois, tous les Tibétains se sentent *Pöpa*, « gens du *Pö* ». Aujourd'hui,

se retrouve dans les mythes. Si les coiffures traditionnelles ont disparu au Tibet central, elles sont encore très présentes au Tibet de l'Est et ont une valeur identitaire (page de gauche, en bas). Le corail, l'ambre et surtout la turquoise, qui est associée à l'âme, sont les pierres les plus prisées, des hommes comme des femmes.

le slogan *Pö Rangzen* signifie « indépendance du Tibet », *Pö* étant pris au sens de Tibet ethnique et culturel. Mais *Pö* désigne déjà le pays tout entier dès l'époque impériale comme l'atteste la stèle bilingue du traité sino-tibétain de 821-822 devant le temple du Jokhang à Lhasa.

Une grande diversité géographique et écologique

Le Tibet est dans sa majeure partie la mer Téthys asséchée il y a 100 millions d'années, comme les nombreux lacs salés l'attestent. Le plateau tibétain est bordé au sud par les 2 500 km de l'arc himalayen qui, du Karakoram au nord de la Birmanie, l'isole du sous-continent indien. À l'ouest, il butte contre le nœud formé par l'Himalaya et le Karakoram, tandis qu'à

Contrairement à l'idée populaire qui voudrait que le Tibet soit seulement un plateau dénudé, ce pays présente des paysages variés selon les niveaux écologiques. L'habitat humain s'étage de 2 800 à 5 300 mètres. Le Sud-Est et l'Est du Tibet se caractérisent par des vallées profondes et fertiles entourées de montagnes boisées. Les toits en pente y sont un signe de précipitations abondantes (ci-dessous,

l'est, il se relève dans les massifs de l'Amnye Machen, du Bayan Khara, du Mynak Konga et des Minshan. Au nord-ouest et au nord, le plateau est séparé de l'Asie centrale par les monts Kunlun et la dépression du Qaidam, tandis qu'il s'ouvre sur les espaces de l'Amdo autour du lac Kokonor. Le plateau est lui-même traversé par plusieurs chaînes de montagnes s'élevant à plus de 6 000 mètres : le Transhimalaya et le Nyenchenthangla sont les plus importantes.

Tous les grands fleuves d'Asie prennent leur source au Tibet et les Tibétains ont des noms particuliers pour chacun d'eux : Mékong, Yangze, Hoanghe, Irrawady, Salouen, Brahmapoutre (Tsangpo) irriguant tout le Tibet central, Indus et Sutlej, qui tous traversent des chaînes montagneuses

à gauche, région du Gyelrong, Tibet oriental). Au Tibet central et occidental, moins arrosé, le paysage est austère avec des montagnes dénudées et des vallées larges, mais fertiles uniquement à proximité des cours d'eau et jusqu'à 4 200 mètres. Les villages sont souvent bâtis en bordure d'oasis de haute altitude (ci-dessus) où poussent l'orge et les raves.

par des gorges impressionnantes avant de rejoindre les plaines chinoises et indiennes, puis la mer de Chine, la mer d'Arabie ou l'océan Indien.

Le Tibet n'est pas uniquement, comme on le croit souvent, un plateau désolé et aride. Certes, l'altitude d'habitat est entre 3 100 et 5 000 mètres sur la majeure partie du territoire et sur le plateau le climat est venté et froid la nuit, mais les journées sont très ensoleillées. Certes, la région du Changthang à l'ouest et au nord-ouest est particulièrement inhospitalière. Mais dans la partie sud-est et est, les pluies de mousson arrivent à passer la barrière himalayenne ou les chaînes orientales et le climat y est plus doux et plus humide, permettant une couverture forestière

À partir de 4 200 mètres, c'est le domaine des troupeaux de moutons, de chèvres et de yaks qui, en été, montent jusqu'à 5 300 mètres, gardés par des pasteurs : ainsi Markyang dans la région de Nyemo à l'ouest de Lhasa (ci-dessous, à gauche). Au-delà de 5 300 mètres, c'est un univers minéral et inhabité où la neige peut tomber en toute saison. Royaume des cervidés, léopards des neiges et rapaces,

de feuillus et de conifères. Le nord-est est une région de grands pâturages et de collines ondulées à 4 000 m. L'orge est la culture la plus répandue mais on trouve aussi du blé, des raves et, dans les régions les plus basses, des vergers. Le yak (*Bos gruniens*) est l'animal providence ; même sa bouse est utilisée pour faire du feu. Dans l'ouest, les chèvres paissent les maigres pâturages tandis que les collines du nord-est sont le domaine du mouton.

L'origine des Tibétains

Plusieurs mythes d'origine existent. L'un d'eux vient de la religion prébouddhique. Le dieu créateur envoie son fils sur terre pour créer les humains : il s'unit à une démone et ses descendants sont à

il appartient aux divinités des montagnes qui règnent sur le bien-être et la prospérité de leur territoire en échange du respect et de la vénération des hommes. Les sommets de plus de 6 000 mètres sont couverts de neiges éternelles, et ce monde minéral présente un camaïeu de couleurs extraordinaire (ci-dessus, vue à partir de Maochok, vers le sud sur les sommets (7 300 mètres) de la frontière du Tibet et du Bhoutan).

l'origine des six premiers
clans des Tibétains.
Le mythe bouddhique est
le plus répandu, mais
tardif (XIIᵉ siècle) :
les Tibétains sont nés
de l'union du bodhisattva
Avalokiteshvara avec
une démone des rochers ;
ils auraient ainsi hérité
de la compassion du père
et de la sauvagerie
de la mère.

Ces mythes, aussi
intéressants soient-ils,
ne peuvent compenser
l'absence de
connaissance
scientifique exacte qui
reposerait sur des
analyses génétiques.
En effet, l'origine des
Tibétains est encore
largement méconnue.
Les hypothèses élaborées
sur la base d'observations
anthropomorphiques
et de découvertes
archéologiques font
pencher en faveur
d'origines multiples,
avec un substrat
mongoloïde
prédominant.
Les nombreux brassages
et assimilations de
populations (turco-
mongoles comme les
Sumpa et les Tuyuhun,
Zhangzhung avec même
des éléments indo-
scythes, et plus tard
mongoles) connus depuis

l'empire tibétain (VIIe-IXe siècle) et qui se sont poursuivis tout au long des siècles témoignent de cette multiplicité à l'époque historique. Toutefois, en ce qui concerne le Tibet de l'Est, les analystes occidentaux et chinois penchent aujourd'hui pour une origine Qiang. Les Qiang sont des tribus tibéto-birmanes, attestées au nord de l'espace chinois dès l'époque des Zhou (1121- 222 av. J.-C.), qui auraient migré vers la région du lac Kokonor et le Sichuan actuel où certaines résident encore. Ils partagent en effet avec les Tibétains des croyances communes sur leur origine attribuée à un singe et sur le rôle du mouton blanc, animal sacrificiel par excellence.

S'il est impossible d'attribuer une origine exacte aux populations tibétaines, les superpositions de populations et leur mobilité témoignent, loin des clichés habituels, de la perméabilité de cette aire dès l'époque protohistorique. Dès le VIIe siècle apr. J.-C., les chroniques chinoises rendent compte d'un peuple appelé « Tufan ».

Une même conception de l'espace?

Ce qui fait l'unité du peuple tibétain est une culture commune, des marqueurs identitaires qui transcendent les différences dialectales, les querelles historiques, la variété des costumes, etc. Où que ce soit au Tibet, sur le plateau désolé de l'ouest ou dans les forêts de l'est, reviennent toujours les mêmes marques qui, malgré des différences locales, sont suffisamment identifiées pour être reconnues comme tibétaines.

Quelles sont-elles ? Tout d'abord une empreinte physique sur le paysage qui fait que l'on reconnaît immédiatement une région tibétaine : drapeaux à prières claquant au vent, chortens ponctuant la route, cairns au sommet des cols, sanctuaires aux divinités locales sur le flanc d'une montagne rocheuse ou contre le mur d'une maison. L'espace habité, quant à lui, est moulé sur un modèle

L'identité des Tibétains s'inscrit, entre autres, dans les représentations du monde et les mythes. Cette peinture moderne (page de gauche) représente de façon vivante les trois mondes sur chacun desquels règne une catégorie de divinités : les *lou* sur le monde souterrain et aquatique, les *tsen*, guerriers farouches sur la terre, et les *lha*, dieux bienveillants sur

le monde céleste. L'un des mythes d'origine du peuple tibétain est illustré par une peinture du Norbulingka à Lhasa (ci-dessus). Dans une grotte située près de l'actuelle ville de Tsethang, le singe, émanation d'Avalokiteshvara, et la démone sont entourés de leurs enfants, ancêtres des Tibétains qui disent tenir leur caractère religieux de leur père et leur caractère farouche de leur mère.

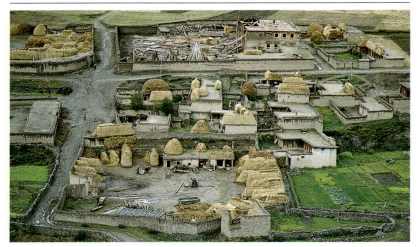

commun, où les oppositions « bas » et « haut »
des vallées comme espace cultivé, donc civilisé,
et espace sauvage, sont très fortes. La toponymie est
parlante : *tö* est appliqué à la partie la plus élevée
d'une vallée ou d'une région, tandis que *mé* l'est
à la plus basse. Les termes s'appliquant à l'espace
sauvage non habité et potentiellement dangereux
ont *ri* pour composante : *ri* est la montagne, mais
celle qui est inhabitable. *Ri*, généralement traduit
par montagne en Occident, a des connotations
beaucoup plus larges dans la culture tibétaine.
Ainsi *ri dag* désigne les animaux sauvages, *ri phag*,
le sanglier, *ri ma*, la terre non cultivable, aride.

Même si l'architecture extérieure peut varier
selon les régions en fonction des conditions
écologiques, les maisons ont une disposition
intérieure similaire avec des pièces relativement
indifférenciées, sauf pour la cuisine – la pièce à
vivre –, la réserve au nord derrière la cuisine, et
la chapelle privée. Cette dernière, toujours située
dans la partie la plus élevée de l'habitation, sert aussi
de pièce pour recevoir les invités importants.
Les bêtes et les greniers sont situés au rez-de-
chaussée tandis que le fourrage est mis sur le toit.
Le fourneau à fumigation rituelle peut être soit sur

Un village tibétain
(ci-dessus) est fait
de deux univers clos
imbriqués : les maisons
sont très proches
les unes des autres,
comme formant
« bloc » – excepté dans
certaines régions du
Kham – mais chaque
maison est aussi close
sur elle-même.
La maison villageoise
se caractérise par de
petites fenêtres sur
les murs extérieurs
et une cour intérieure
qui protège du vent,
où l'on met fourrage et
animaux et où s'ouvrent
de grandes fenêtres.
Les murs sont
principalement
construits en pisé
ou en pierre ; le bois
est surtout utilisé au
Tibet oriental, comme
à Derge (page de droite,
en bas).

le toit, soit dans la cour, de même que le sanctuaire de la divinité du sol.

Une mémoire collective

Les Tibétains ont une mémoire collective de mythes, de fragments d'histoire, de personnages historiques, et même de représentations spatiales de leur aire. Une des meilleures illustrations est celle qui allie ces différents éléments : une démone, symbolisant le Tibet sauvage et le recouvrant de tout son corps aurait été subjuguée par le roi Songtsen Gampo (620-649). Ce dernier fait construire sur son cœur et chacun de ses membres en plusieurs points des temples bouddhiques afin de l'empêcher de bouger et de nuire. Hautement symbolique, cette histoire est l'une des plus ancrées dans la mémoire collective, comme l'est l'épopée de Gesar, roi de Ling.

Cette mémoire collective s'est bien sûr transformée au cours de siècles car elle est transmise oralement mais aussi par les textes écrits dans une langue tibétaine commune qui, constituée au VIIe siècle, n'a pratiquement pas varié depuis. La *lingua franca* écrite de toute cette aire permet la constitution et la diffusion d'un énorme corpus littéraire, religieux et historique. La langue écrite transcende même les limites du Grand Tibet et déborde dans l'aire culturelle tibétaine. Que l'on soit en Amdo au nord-est du Tibet ou au Ladakh à l'extrême ouest à plus de 3 000 km, les textes pourront être lus et commentés.

La pièce principale, la seule chauffée par l'âtre ou le fourneau, est la cuisine (ci-dessous) où chacun a une place selon son rang social et son degré de parenté. Les personnes de classe sociale inférieure ou les plus éloignées de la famille s'assoient près de la porte. Du thé au beurre salé est offert à tout visiteur.

Les murs de la pièce sont noirs car le monde tibétain traditionnel ne connaît pas la cheminée ; la fumée, s'échappant à grand-peine par un trou dans le toit, s'accumule dans la pièce.

En revanche, les particularismes linguistiques ne permettront pas de se comprendre oralement.

Le dicton « À chaque pays sa façon de parler, à chaque lama sa façon d'enseigner » est une illustration de cette diversité dont les Tibétains sont conscients mais qui est transcendée par les marqueurs identitaires auxquels ils ont le sentiment d'appartenir. Ils se définissent d'ailleurs comme des « faces rouges, mangeurs de tsampa » (farine d'orge grillé). L'identité est un sentiment profond qui n'a fait que s'aviver et se vivifier avec l'occupation chinoise. La mémoire collective tibétaine n'est pas figée mais, gardant les mêmes composantes, elle les transforme, ou en met une en exergue selon les circonstances politiques et idéologiques.

Des croyances communes

Des croyances communes, en particulier dans les divinités locales, y compris les montagnes et les lacs, qui assurent le bien-être ici-bas, et dont les origines sont à chercher dans la religion prébouddhique. Ces divinités ont des caractères anthropomorphes marqués. Elles sont aimables ou courroucées selon la façon dont les hommes se comportent dans la nature et la société. Très susceptibles, elles se vengent en lançant de

la grêle ou en tuant le bétail. Jalouses entre elles, elles se battent pour la possession de l'eau ou de richesses. Elles ont leurs aliments préférés, leur partenaire préféré et n'hésitent pas à être infidèles ou à partir pour des régions plus chaudes en hiver. Leurs cultes sont rendus de façon assez similaire à travers tout le Tibet : fumigations, offrandes de nourriture, d'alcool ou de lait, petites cérémonies de propitiation et, parfois, courses de chevaux, tir à l'arc ou au fusil.

Le bouddhisme est considéré par beaucoup, surtout en Occident, comme une composante, sinon *la* composante, de l'identité tibétaine. Certes,

Le mont Kailash (*Gang Tisé* ou *Gang Rinpoche*, la « précieuse montagne » en tibétain, 6 638 mètres) est situé au Tibet de l'Ouest et considéré comme le pilier de l'univers et le centre d'un diagramme cosmique (mandala). L'Indus, la Sutlej, la Karnali et le Brahmapoutre prennent leur source non loin de ce sommet qui domine le plateau et les monts environnants. Le pèlerinage autour de cette montagne – siège de Shiva ou de la divinité Cakrasamvara, montagne sacrée à la fois pour les bouddhistes, les *bönpo*, les hindous et les jains –, est un acte purificateur. Il se fait en trois jours, mais pour les plus courageux en 20 heures ou en se prosternant tout le long du chemin. Prières et prosternations aux sites symboliques et demeures de divinités rythment la marche, et le passage du col de Drolmala (5 650 mètres) est une renaissance.

Le bouddhisme, devenu religion d'État au VIIIe siècle, a connu au cours des siècles des transformations. Il assimile des croyances autochtones et développe des particularités philosophiques et liturgiques qui lui donnent sa physionomie actuelle. Cet ensemble est appelé de différents noms : bouddhisme tibétain, « Véhicule de Diamant » (*Vajrayana*), bouddhisme tantrique, et lamaïsme, appellation qui connaît une grande popularité dans la première moitié du XXe siècle. En tibétain le mot *chö* veut dire à l'origine « religion » ou « système de croyances », mais est devenu synonyme de bouddhisme. La fumigation de genévriers et de pins – le *sang* –, au sommet des montagnes ou sur les toits des maisons, est une des coutumes autochtones de purification assimilée par le bouddhisme (ci-contre).

❝Avec cette essence des forêts des montagnes en haut, encens au parfum agréable et bien préparé, purifions les dieux en haut, purifions aussi les esprits *lou* en bas, purifions aussi les esprits *nyen* de l'espace médian, purifions nos sièges, purifions aussi nos vêtements et nos objets !❞

Prière du rituel
du *sang*

surtout depuis l'exil et l'unité autour de la figure charismatique du 14e dalaï-lama, le bouddhisme tibétain est un élément important mais les 10 % de Tibétains non bouddhistes mais *bönpo* ne sont-ils pas aussi tibétains ? Et que dire des quelques centaines de musulmans tibétains ? L'identité tibétaine ne peut se réduire au bouddhisme, même si celui-ci en est un aspect essentiel.

Pour la plupart des Occidentaux, Tibet égale bouddhisme et lamas. Cette image, propagée par de nombreux ouvrages, y compris l'excellent *Tintin au Tibet*, est largement vraie. Toutefois, il faut la tempérer et surtout tenter d'expliquer les aspects philosophiques, symboliques et iconographiques parfois surprenants. Produit d'une culture, le bouddhisme tibétain déroute l'Occidental en mal de rationalisme ou l'adepte d'une conception « plus simple » du bouddhisme.

CHAPITRE 2

RELIGIONS ET CROYANCES

Le karma, résultat des actions passées, provoque les renaissances comme l'illustre la roue de l'existence (à gauche). L'ignorance, la colère et le désir sont les poisons originaux figurés au centre de la roue par trois animaux, respectivement le cochon, le serpent et le coq. Ces poisons font que les êtres retombent dans le cycle des incarnations – *samsara* – et donc dans la souffrance. Le but ultime est de sortir de ce cercle et d'atteindre l'éveil. Diverses voies sont possibles : entrer dans les ordres, partir en pèlerinage, méditer… Mais l'une des plus accessibles est de faire tourner les moulins remplis de prières (ci-contre).

Le système de croyances non bouddhique du Tibet ancien

Quand le bouddhisme arrive au Tibet au VIIe siècle, le pays n'est pas vide de croyances ou de religion. Il existe un système de croyances bien ancrées

qui sont au cours des siècles soit assimilées, soit oblitérées par le bouddhisme, les missionnaires bouddhistes écrivant de véritables manuels de conversion retrouvés parmi les manuscrits de Dunhuang.

La connaissance de cette religion, généralement appelée *bön*, est encore partielle. Seule la patiente lecture des manuscrits de Dunhuang, fragmentaires, permet d'avoir une connaissance contemporaine de l'époque où elle est prédominante, c'est-à-dire au temps de l'empire tibétain. Les fouilles archéologiques sont encore trop peu nombreuses et l'étude des mégalithes et des sites dits non bouddhiques n'est pas systématique. Toutefois, il est aujourd'hui possible d'en présenter les grandes lignes. Le monde est créé par les dieux *pcha* qui vivent dans le ciel, font régner l'ordre et délèguent

Le système de croyances anciennes du Tibet est connu depuis au moins le VIIIe siècle sous le nom de *bön* ; cependant, il a été présenté par de nombreux Occidentaux comme des pratiques magiques et de sorcellerie. À partir des années 1960, quelques scientifiques français refusèrent cette interprétation négative, après lecture des manuscrits de Dunhuang. Les croyances du Tibet ancien étaient organisées en un système religieux probablement nommé *bön* et les prêtres des rituels étaient appelés *bönpo* (ci-dessus, une divinité protectrice d'un territoire ; dispersés dans la page, des animaux passeurs d'âmes).

leurs représentants sur terre. Ce sont les montagnes qui fixent le sol, tendant le ciel comme une tente. À leur mort, les hommes, guidés par des animaux, comme le mouton, le cheval ou le yak, vont au Pays des morts. Celui-ci est composé d'une région de souffrances et d'une région de bonheur où les morts attendent, entourés de leurs possessions et de nourritures, une résurrection au moment d'un nouvel âge d'or. En effet, les cycles d'âges d'or et de calamités se succèdent, correspondant à des périodes où la religion prospère ou est persécutée.

Les prêtres sont appelés *bönpo* et *shen*. Parmi les nombreux rituels pratiqués afin d'apaiser une multitude de divinités, très liées aux éléments naturels, les sacrifices d'animaux auraient joué un rôle. Ces divinités peuvent être bienfaisantes ou malfaisantes pour les hommes, selon la façon dont ceux-ci se conduisent. Les deux catégories les plus importantes semblent être des divinités-montagnes : les *moumen* féminines et les *koula*, qui protègent la vie et le pouvoir des seigneurs et du roi. Elles garantissent la stabilité et l'ordre et, par conséquent, permettent aux hommes d'être en bonne santé, d'avoir des récoltes et un bétail abondants. Si elles sont mécontentes, elles abandonnent le roi qui meurt, mettant ainsi en danger l'ordre du monde et la prospérité des hommes. De grands rituels sont donc nécessaires pour plaire à ces divinités supports de vie.

La royauté a un caractère sacré car les souverains descendent du premier roi mythique, un dieu du ciel *pcha*. Il choisit le Tibet pour venir sur terre parce que c'est un pays élevé et pur. La divination,

Le *Bön* désigne aussi une école religieuse organisée au XIᵉ siècle et appelée *Yungdrung Bön*. Son origine serait au Zhangzhung, à l'ouest du Tibet. Le maître fondateur mythique est Tönpa Shenrab. Il joue pour les *bönpo* le même rôle que le Bouddha Shakyamuni pour les bouddhistes, mais son historicité n'est pour l'instant pas attestée. Le terme *Yundrung* désigne le *swastika*, symbole de cette école religieuse. Les rituels et les enseignements ont gardé des éléments de la religion non bouddhique mais réorganisés, et la philosophie est proche de celle de l'école bouddhique *nyingmapa* (ci-dessus, en Amdo, tantristes *bönpo* faisant un rituel avec des petits tambours).

avec différentes techniques, joue un rôle primordial dans la pratique, et les grandes décisions d'État ou domestiques dépendent des résultats. Cette religion, au caractère anthropomorphique accentué, est riche en mythes qui authentifient les rituels. Mythes et rituels imbriqués sont ensuite passés en partie dans l'école religieuse du *Yungdrung Bön*, organisée à partir du XIᵉ siècle.

Les origines du bouddhisme

Le bouddhisme arrive au Tibet au VIIᵉ siècle, venu à la fois de la Chine et de l'Inde. Deux origines qui présentent deux approches différentes de l'obtention de l'Éveil : le *Chan* chinois (plus tard *Zen* au Japon) ou « courant subitiste », où l'activité physique et mentale est un obstacle à l'Éveil ; et le *Madhyamaka* indien, « la Voie du Milieu », où les actions vertueuses et une pratique assidue mènent à l'Éveil.

Selon l'historiographie tibétaine, un grand débat a lieu au VIIIᵉ siècle au monastère de Samyé. Quelles que soient la forme et la réalité de ce débat, la controverse existe, et le courant de la « Voie du Milieu » indien l'emporte, mais s'y greffe le tantrisme.

Le tantrisme est un mouvement religieux très important qui existe aussi bien dans l'hindouisme que dans le bouddhisme. Il met l'accent sur des pratiques de yoga, des enseignements secrets fondés sur des textes appelés *Tantra*, qui ne peuvent être compris que s'ils sont expliqués par un maître (*guru*), et enfin sur

En Inde, dans le bouddhisme du Grand Véhicule (*Mahayana*) qui prévaut à cette époque, le courant de « la Voie des tantras » (*Tantrayana*) coexiste à côté de celui de « la Voie du Milieu » (*Madhyamaka*). Les « Grands réalisés » (*mahasiddha*), comme ici Dombiheruka représenté avec sa parèdre (peinture du XVIIᵉ siècle), ont une importance décisive sur la transmission des textes des tantras auprès des Tibétains.

le symbolisme sexuel pour les adeptes les plus avancés. Le tantrisme est, à l'époque, particulièrement pratiqué au nord-ouest du continent indien, au Swat (aujourd'hui au Pakistan) et au Cachemire (aujourd'hui Pakistan et Inde). C'est du Swat que vient Padmasambhava au VIIIᵉ siècle. Ce maître tantriste, dont on ne possède que quelques rares éléments biographiques, devient un véritable héros religieux dans tout le monde tibétain et une légende dorée se bâtit autour de sa personne à partir du XIIᵉ siècle. Les Tibétains se tournent vers l'Inde comme source de leur religion et de nombreux religieux y font le long voyage, passant des mois ou des années auprès de maîtres indiens et dans des monastères. D'ailleurs, ceci permet aujourd'hui au gouvernement chinois de dire que le bouddhisme tibétain est une religion venue de l'étranger. Ces voyages en Inde ne s'interrompront qu'au début du XIIIᵉ siècle avec les invasions musulmanes qui détruisent les monastères dans tout le nord du sous-continent indien.

Padmasambhava – Guru Rinpoche, « le Précieux Maître » – est considéré par l'école religieuse des *Nyingmapa* comme le deuxième Bouddha et il fait l'objet d'une véritable « légende

dorée ». Ce maître tantriste, originaire du Swat, introduit le cycle du Poignard magique (*phurpa*) et il est crédité de l'enseignement d'autres cycles visant à subjuguer les esprits néfastes au bouddhisme. Ses manifestations iconographiques sont nombreuses et font référence à ses hauts faits, réels ou imaginaires ; des danses masquées lui sont consacrées.

Bouddhisme tibétain...

Le bouddhisme va s'acclimater et s'imposer sur ce substrat de religion autochtone dont les croyances sont irréconciliables avec les siennes, qui sont la non création, l'impermanence et le karma, le poids des actes. S'il assimile certains éléments comme les divinités locales, il oblitère ou transforme petit à petit des aspects gênants comme la création, les sacrifices sanglants, le bonheur après la mort, la valorisation de la vie terrestre. Toutefois,

ce processus est lent, et dure probablement du VIIe
au Xe siècle ; il ne se fait pas sans conflits comme
l'histoire de la royauté le montre, encore au
Xe siècle, quand le roi du Tibet de l'Ouest, Yeshe Ö,
critique les bouddhistes qui pratiquent encore
des sacrifices sanglants !

Aux VIIIe et IXe siècles, lors de la période appelée
« première diffusion », soutenus en particulier par
les rois Senaleg et Relpachen, les bouddhistes font
un travail extraordinaire sur le vocabulaire, soit
en donnant un sens bouddhique à des termes qui
désignaient un concept différent dans la religion
non bouddhique, soit en traduisant des termes
bouddhiques sanskrits par des néologismes
tibétains. Le grand dictionnaire sanskrit-tibétain,
Mahavyutpatti, est élaboré et des règles de
traduction sont édictées dans son introduction.

... et écoles religieuses

Le bouddhisme tibétain est aujourd'hui divisé en
quatre grandes écoles dont certaines se divisent à
leur tour en plusieurs branches. Toutes ces écoles
n'ont que peu de différences doctrinales et adhèrent
aux mêmes dogmes de base. Elles se différencient
entre elles par l'importance donnée à un texte
particulier, et surtout à l'interprétation de textes
complexes par l'enseignement oral d'un maître.
De plus, seuls ceux qui ont reçu, sous certaines

Le texte de la *Sagesse
transcendantale
– Prajnaparamita
sutra –* est l'un des
plus importants du
bouddhisme. Au Tibet,
il peut être richement
enluminé comme ce
manuscrit, illustré de
Maitreya le Bouddha
du futur et d'un
bodhisattva entourés

conditions, cette interprétation orale peuvent
ensuite la transmettre à d'autres disciples.
La personnalité du maître, le lama, est donc
prédominante. C'est ainsi que se sont créées

de moines en adoration
(XIIIe-XIVe siècle,
Tibet occidental).

les écoles religieuses, autour de la personnalité charismatique d'un religieux et de ses enseignements.

L'école des *Nyingmapa*, les « Anciens », se réclame des enseignements de Padmasambhava et partage le système philosophique de la « Grande Perfection », le *Dzogchen*, avec le *Bön* organisé. Cette école est particulièrement bien implantée au Tibet central et de l'Est et se divise en plusieurs courants religieux – Kathok, Dzogchen, Jangter, Peling et Tersar – dont les maîtres ont toujours été en interaction spirituelle. L'école des *Nyingmapa* adhère à un corpus important de textes tantras qui auraient été traduits ou élaborés pendant la première diffusion du bouddhisme mais dont les autres écoles ne reconnaissent pas la validité. En revanche, à partir du Xe siècle, toutes les écoles acceptent les Tantra traduits ou édités par les maîtres tibétains dont Rinchen Zangpo.

L'école des *Kadampa*, « Ceux liés par les enseignements oraux », est la première à apparaître lors de la seconde diffusion du bouddhisme. Son fondateur est Dromtön, le disciple du maître indien Atisha (982-1054) invité au Tibet par le roi du Tibet

Cette composition exceptionnelle (détrempe sur toile, XIXe siècle) illustre un des aspects les plus complexes du bouddhisme tibétain. Elle représente les offrandes faites pour plaire à la divinité autochtone Begtse, devenue protectrice du bouddhisme et plus particulièrement des dalaï-lamas. Begtse est figuré comme un guerrier farouche, ici entouré d'offrandes d'écorchés qui représentent les ennemis de la doctrine. Sur les tables sont placés les instruments du rituel, ainsi que les gâteaux sacrificiels qui lui sont dédiés. Des animaux mythiques et réels la gardent mais lui sont aussi offerts.

de l'Ouest pour rediffuser le bouddhisme. L'accent est mis sur la discipline et la philosophie, l'enseignement des tantras ésotériques étant réservé à une élite. Cette école, dont le monastère principal est Reting (1073), est absorbée au XIVᵉ siècle par celle des *Gelugpa*.

L'école des *Sakyapa* est fondée, au XIᵉ siècle, par le maître Brogmi, qui passe huit ans au monastère de Vikramashila, en Inde. Son élève Könchog Gyelpo, du clan Khön, fonde en 1073, dans la province du Tsang, le monastère de Sakya, qui donne son nom à l'école religieuse. Cette école a la particularité d'être dirigée depuis sa fondation en alternance par un hiérarque issu de deux mêmes familles du clan Khön.

L'école des *Kagyupa*, « Ceux de la transmission orale », considère Marpa (1012-1099) et son disciple, l'ascète et poète Milarepa (1052-1135), comme ses fondateurs. Marpa part en Inde étudier auprès des maîtres Naropa et Maitripa. Les enseignements ésotériques des *Six Yoga de Naropa* et du *Grand Sceau* font partie de la formation supérieure dans cette école. Les *Kagyupa* se divisent en de nombreuses branches dont certaines, comme les *Phagmodrupa* ou les *Tshelpa*, ont aujourd'hui disparu et la transmission orale de leurs enseignements s'est éteinte. Parmi celles qui existent toujours, on trouve les *Karmapa*, la première école à introduire au XIIIᵉ siècle le système de succession des hiérarques par une lignée d'incarnations ; les *Drigungpa*, très actifs aujourd'hui au Ladakh ; les *Drukpa*, présents au Bhoutan depuis le XVIIᵉ siècle et desquels le pays tire son nom (*Druk Yul*).

L'école des *Gelugpa*, « les Vertueux », est fondée au XIVᵉ siècle par le religieux réformateur Tsongkhapa (1357-1419). Elle reprend les enseignements de

Selon les écoles religieuses, l'accent est mis sur des pratiques de yoga ou la méditation, l'apprentissage plus ou moins graduel des tantras ou la connaissance métaphysique. Toutefois, rien n'interdit à un pratiquant d'une école d'étudier dans un monastère ou d'écouter les enseignements de maîtres d'autres écoles, à l'instar des dalaï-lamas eux-mêmes. Ce désir de ne pas cloisonner les écoles trouve son aboutissement dans le courant religieux *rimé*, « éclectique, non sectaire », qui se développe à partir du Tibet de l'Est au XIXᵉ siècle.

Sakya Pandita (1182-1251 ; à gauche) arriva en Mongolie, invité par le prince Goden, l'un des petits-fils de Gengis Khan, en 1244. Réputée pour ses érudits, l'école *sakyapa* devient aussi la première puissance à dominer politiquement le Tibet (1260-1350), depuis la chute de l'empire en 842. Au XIIIᵉ siècle, l'école des *Jonangpa* se détache de celle des *Sakyapa*. Ses positions doctrinales, considérées comme hérétiques, lui valurent d'être interdite par le 5ᵉ dalaï-lama au XVIIᵉ siècle.

Peintures et statues sont les symboles du Corps du Bouddha. Les peintures ont d'autant plus de valeur sacrée qu'elles portent les marques des mains et des pieds du religieux représenté ou d'un autre lama prestigieux. Ainsi ce thangka (peinture qu'on déroule) figurant Dromtön (1005-1064) le maître *kadampa*, disciple du moine indien Atisha figuré en haut de la peinture. (XVIIe siècle).

Milarepa (ci-dessous, statue en argile, XVe siècle) commit des actes violents au début de sa vie avant de se repentir et de devenir un grand méditant, associé à de nombreux lieux saints. Il est traditionnellement représenté émacié et la main à l'oreille, chantant ses poèmes mystiques.

l'ancienne école *kadampa*. Elle met l'accent sur la discipline monastique, la philosophie et le débat, tandis que les tantras sont réservés à une élite en fin d'études. L'un des textes de base est le *Lamrin*, composé par le maître Tsongkhapa.

La nomenclature occidentale courante qui différencie les écoles religieuses en « bonnets rouges » et « bonnets jaunes » provient d'une classification chinoise datant de la dynastie Qing. Elle ne recouvre aucune classification tibétaine, ne repose sur aucun fondement religieux et est rejetée par les Tibétains. (À gauche, un lama de l'école *drukpa kagyupa* [peinture, XIXᵉ siècle]; à droite, Tsongkhapa, fondateur de l'école *gelugpa* et incarnation de Manjushri, avec l'épée et le livre comme attributs [XVᵉ siècle, Temple blanc, Tholing]).

La vie des moines est réglée de façon stricte et les rituels sont une activité très prenante (double page suivante). Les moines s'installent en rangs selon un ordre hiérarchique précis, les plus jeunes étant près de la porte d'entrée. Certaines cérémonies commencent à l'aube dans la pénombre; le temple n'étant éclairé que par les lampes à beurre, l'atmosphère peut impressionner le profane. Les officiants portent de lourds manteaux pour se protéger du froid. Ils ne mettent leurs chapeaux qu'à certains moments de la cérémonie, et dans l'intervalle, les posent sur leurs épaules.

Les lignées de cette école – dalaï-lamas et panchen-lamas – prendront une grande importance dans l'histoire à partir du XVIIe siècle : en 1642, le 5e dalaï-lama prend le pouvoir politique au Tibet et les *Gelugpa* deviennent politiquement prédominants.

Moines, lamas et nonnes

Contrairement à ce que pensent beaucoup d'Occidentaux, tous les lamas ne sont pas moines et tous les moines ne sont pas lamas (*guru*). En effet, le terme *lama* ne veut pas dire moine mais maître spirituel – le terme pour moine étant *drapa*. Un moine est un religieux qui a pris les vœux de célibat. Dans le bouddhisme tibétain, ce vœu n'est en effet pas obligatoire pour les religieux, mais les moines sont tenus de le prendre. Le moine suit un cursus scolastique mais ne devient pas forcément un lama, un maître spirituel capable de guider les êtres. Les moines sont sous l'autorité d'un abbé, *khenpo*. D'autre part, un moine peut au cours de sa vie renoncer à ses vœux de célibat et reprendre une vie et des habits laïcs. Même si la société déplore cette occasion perdue de progresser sur la voie de l'Éveil, elle n'ostracise pas les moines qui prennent cette décision. Le pire péché serait, en effet, de rompre ses vœux en commettant des actions interdites à l'état de moine. Les moines vivent en général dans des monastères et leurs tâches sont diversifiées en fonction de leurs capacités intellectuelles, artistiques ou même

La compassion bouddhique n'a aucune relation avec la sensibilité. Elle est tout objective, froide et liée à une conception métaphysique. Elle n'est pas spontanée, mais consécutive à de longues méditations.
Jacques Bacot
in *Milarepa*

Cette définition du tibétologue Bacot est bien reflétée par ce méditant dans sa grotte (page de gauche, en haut). Toutefois, la compassion peut aussi être atteinte par des rituels tels que les pratiquent les moines, les nonnes (page de gauche, en bas) ou ce religieux tantriste paré d'ornements en os (ci-contre).

administratives. Certains poursuivent de longues études de philosophie et, après des périodes de méditation et avoir reçu des enseignements auprès de maîtres, deviennent eux-mêmes des lamas.

Un lama est un maître spirituel, mais il n'est pas forcément un moine, c'est-à-dire qu'il n'a pas pris certains vœux, et en particulier celui de célibat. S'il est moine, il porte les vêtements de moine, sinon des vêtements à mi-chemin entre ceux des laïcs et des moines, et n'a pas la tête rasée. En particulier chez les *Nyingmapa* et chez les *Bönpo*, beaucoup de lamas portent des cheveux assez longs, en chignon ou en tresses. Il existe aussi des religieux, mariés ou non, souvent spécialisés dans les rituels d'exorcismes qui sont appelés *nagpa*, « tantristes ». Enfin, on trouve des religieux ascètes, les *drubthob* et *gomchen*, qui préfèrent vivre dans la solitude et consacrer leur vie à la méditation.

Les nonnes (*ani*) sont peu nombreuses comparées aux moines. Le nombre de vœux qu'elles prennent (360) varie légèrement selon les écoles mais il est plus important que celui des moines (250). Toutefois, la tradition de nonne pleinement ordonnée n'existe pas au Tibet, et n'est possible que depuis 1982. Vivant en général dans des monastères séparés des moines, les nonnes n'en sont pas moins sous l'autorité d'un maître religieux homme. Certaines femmes sont religieuses mais pas nonnes, et sont souvent mariées à un maître spirituel.

Les lignées de réincarnés, les *troulkou*

Une grande souplesse de catégories caractérise donc la vie religieuse tibétaine, et rien n'empêche

Les lamas réincarnés, *troulkou*, sont une des spécificités du bouddhisme tibétain. Reconnus très jeunes comme incarnation de leur prédécesseur, ils sont intronisés et reçoivent la meilleure éducation possible. Selon le prestige de leur lignée, ils jouissent d'une aura plus ou moins considérable mais sont toujours très respectés. En 1992, alors âgé de sept ans et venant du Kham, le 17e karmapa, Urgyen Thinley Dorje, arrive en grande pompe à son monastère de Tshurphu au Tibet central (ci-dessus). Malgré la « bienveillance » des Chinois, il s'enfuit en Inde en janvier 2000.

de passer d'une catégorie à une autre, selon ses aspirations. Toutefois, s'il est une catégorie religieuse dans laquelle il est impossible de passer, c'est celle des réincarnés appelés *troulkou*, « corps d'apparition » et auxquels on s'adresse par le terme de *rinpoche*, « Grand Précieux », titre honorifique qui est aussi donné aux grands religieux, même s'ils ne sont pas *troulkou*. L'état de *troulkou* est une des grandes spécificités du bouddhisme tibétain – une caractéristique que l'on appellerait génétique dans nos sociétés ; elle fait partie intégrante de l'enfant qui naît et est inaliénable. L'enfant hérite d'un patrimoine spirituel qui a appartenu à son prédécesseur dans la lignée. Il est lui-même et ses prédécesseurs en même temps, et tous portent le même nom. Une lignée de réincarnés commence avec un maître déclarant qu'il renaîtra dans ce monde pour le bien des êtres.

Justifiées théologiquement par la théorie des Trois Corps du Bouddha qui peut s'émaner en « corps d'apparition » (*troulkou*) dans notre monde, les lignées de réincarnés n'apparaissent en fait dans l'histoire qu'au XIIIe siècle pour la première fois dans l'école *karmapa*. Ce mode de succession des hiérarques au sein d'un ordre religieux ou d'un monastère supplante peu à peu le mode de succession familial, sauf

Un *troulkou*, après sa découverte par l'entourage de son prédécesseur, passe des épreuves de sélection, et enfin doit être reconnu par un grand lama. C'est le plus souvent le dalaï-lama qui aujourd'hui authentifie l'enfant, comme ici le jeune Kalou Rinpoche, de l'école *kagyupa*, recevant du dalaï-lama une écharpe de bénédiction. Le précédent, Kalou Rinpoche (1905-1989), était un maître accompli qui a contribué à propager le bouddhisme tibétain en Occident.

chez les *Drukpa Kagyupa* jusqu'au début du XVIIᵉ
siècle et pour les hiérarques de l'école *Sakyapa*
encore aujourd'hui. Parfois même les deux
modes de succession coïncident, c'est-à-dire
que l'enfant réincarné est trouvé dans la
parentèle de son prédécesseur.

Quand un réincarné meurt, on ne dit pas
qu'il est mort mais « absent ». Lorsque
l'enfant dans lequel il s'incarne est
reconnu, on dit qu'il est « revenu ».
La reconnaissance se fait au terme
d'un processus complexe de prophéties,
de signes naturels et supranaturels, de
divinations, et d'examen d'objets ayant
appartenu au précédent réincarné. Il y a
parfois plusieurs candidats, ce qui n'est
pas sans poser de problèmes religieux
et politiques. L'enfant doit enfin être
reconnu formellement par un autre
grand réincarné, souvent le dalaï-lama
– en exil aujourd'hui –, tandis qu'au
Tibet chinois, c'est le gouvernement
chinois qui s'arroge ce rôle… ! Une fois
reconnu comme l'incarnation du
précédent dans sa lignée, il est intronisé
et reprend le nom de la lignée.
Certains de ces *troulkou* sont aussi
de grands maîtres spirituels, des
lamas, mais sauf dans l'école
gelugpa, ils n'ont pas obligation
de faire vœu de célibat.

Le panthéon

Quelle que soit l'école religieuse,
bönpo et bouddhique, il existe dans
le domaine tibétain un véritable
foisonnement de divinités de toutes
formes qui peut surprendre. Ces
divinités sont des personnalisations
de symboles philosophiques et n'ont
pas de réalité. Elles sont organisées en un
panthéon complexe et ont des formes
différentes selon les aspects qu'elles

symbolisent. Toutefois, pour les Tibétains ordinaires, elles existent et ils s'adressent à elles lors de nombreux rituels. Les divinités de la religion non bouddhique converties en protecteurs du bouddhisme, occupent le bas de l'échelle hiérarchique mais sont très importantes dans la vie quotidienne car c'est de leur bon vouloir que dépendent la prospérité d'une famille, sa bonne santé, des récoltes et un bétail abondants. Les noms et les représentations des divinités sont quelque peu différents selon les écoles. De façon schématique, ces divinités peuvent se diviser en divinités des grands cycles tantriques, Bouddhas primordiaux de forme paisible et farouche, « Bouddhas en devenir » (Bodhisattva), et divinités locales.

Le bodhisattva de compassion, Avalokiteshvara, a plusieurs formes ; l'une des plus vénérées est celle à onze têtes (à gauche, VIIe siècle). En haut de la hiérarchie des divinités, se trouvent celles qui représentent les enseignements ésotériques. Ainsi Kalacakra (« La Roue du temps ») figuré ici au centre d'un mandala, diagramme qui permet à l'initié de se fondre dans la divinité.

Les divinités des cycles ésotériques sont complexes et souvent représentées en union sexuelle avec leur parèdre, symbolisant l'union de la compassion et de la sagesse grâce à laquelle l'éveil peut être atteint (page de gauche, Hevajra, divinité du tantra du même nom, et sa parèdre Nairatma foulant aux pieds les quatre illusions [*Mara*], XVᵉ-XVIᵉ siècle). Les différentes mains portent des attributs qui sont autant de signes de leur pouvoir. Les colliers de têtes et les êtres qu'elles piétinent sont des esprits ou des pulsions néfastes qui ont été vaincus.

À l'opposé iconographique et symbolique de ces divinités tutélaires, se situe Tara (ci-contre, XVIᵉ siècle). Née des larmes d'Avalokiteshvara s'apitoyant sur les êtres, Tara est la contrepartie féminine de ce bodhisattva de compassion et, comme lui, son attribut est le lotus qui signifie la pureté. Elle est extrêmement populaire, en particulier auprès des femmes. Il existe vingt et une formes de Tara dont les plus connues sont la Tara blanche et la Tara verte.

Rituels et pratiques

Les rituels (tib. *choga*, *rimgro*, *to*; skt. *puja*) forment une part prépondérante de la pratique religieuse. Ils sont classés par les Tibétains en quatre types qui visent à apaiser, à développer, à soumettre ou à anéantir. Dans ce cadre, leurs buts sont variés et peuvent aller des rituels pour apaiser des esprits courroucés et des rituels d'expulsion jusqu'à ceux pour la longue vie, pour un voyage sans obstacle, pour le bien-être d'une région ou d'un pays, pour une bonne récolte, en passant par les rituels funéraires et commémoratifs d'un événement religieux important.

La forme de la cérémonie dépend donc de son type, de son but, de la divinité à laquelle elle est dédiée, ainsi que de l'école religieuse. Les rituels sont souvent complexes et nécessitent une préparation élaborée avec la fabrication de gâteaux sacrificiels (*torma*) et d'offrandes différentes selon le type de rituel, une liturgie chantée et récitée, différents instruments de musique et parfois différentes mélodies à l'intérieur

Parmi les pratiques quotidiennes, la plus populaire est le *sang*, fumigation qui réjouit les dieux du pays et purifie. À cette pratique – originellement non bouddhique – s'ajoute la prosternation, marque de foi et de respect. L'espace devant le temple du Jokhang à Lhasa est le plus sacré pour les exécuter (ci-dessus). Ainsi le matin, entourées de fumée odoriférante, des centaines de personnes se prosternent de tout leur long, accumulant les mérites pour leur vie future. Cet exercice est, à cette altitude, une véritable ascèse, surtout quand il est répété des dizaines de fois.

d'un même rituel selon les passages. Ils s'adressent au Bouddha, à Padmasambhava, aux divinités du panthéon ou aux divinités locales. Les rituels sont accomplis par des religieux, moines ou non, ou simplement par le chef de famille s'il s'agit du culte quotidien. Ils se tiennent soit dans un temple, soit dans la chapelle d'une maison privée, soit dans un lieu sacré en pleine nature lorsqu'ils sont dédiés aux divinités non bouddhiques.

La pratique et la ferveur religieuses des Tibétains sont intensives et se manifestent aussi quotidiennement par des actes simples tels que l'offrande de fumigation, de lampes à beurre et de bols remplis d'eau symbolisant les sens, les prières, la circumambulation autour de lieux sacrés. Elles se manifestent aussi par des événements ponctuels : érection de drapeaux à prières, pèlerinages, culte des reliques, don d'objets religieux aux temples, participation à des enseignements collectifs, et construction de stûpas. La finalité de ces pratiques est, pour les personnes laïques, moins d'obtenir

Commandé par une famille à des religieux ou exécuté en tant que célébration dans

l'Éveil que l'accumulation de mérites visant à obtenir dans une prochaine vie une meilleure réincarnation qui pourrait les conduire à l'Éveil. En effet, théoriquement, seuls les religieux hommes peuvent prétendre à l'Éveil dans cette vie, et encore uniquement ceux qui ont reçu des enseignements tantriques approfondis.

un temple, chaque rituel demande une préparation matérielle et une mise en condition spirituelle. Outre la récitation et le chant de textes spécifiques, chaque cérémonie se caractérise par une liturgie et une musique appropriées. Le maître de chœur dirige les chants et tient les cymbales, tandis que d'autres musiciens jouent de divers instruments dont les hautbois (ci-contre). Les objets utilisés sont le foudre (ci-dessus) ou *vajra* (skt), et la clochette, symbolisant la compassion et la sagesse. Les gâteaux sacrificiels en pâte de céréale offerts aux divinités sont aussi indispensables.

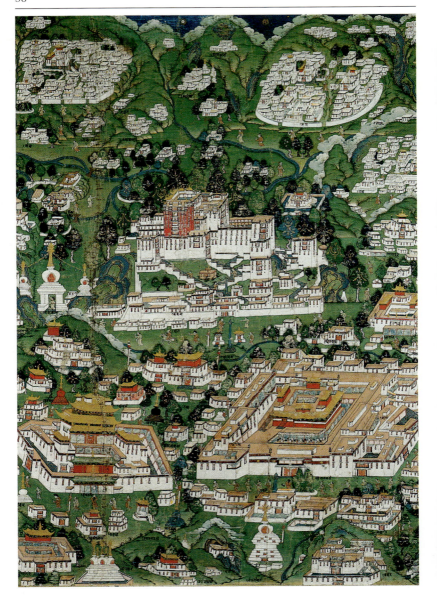

« **L**orsque tu galopes à cheval à travers le plateau […], ne sens-tu pas ton cœur s'enfler de courage ? D'après les Annales des Tang, nos ancêtres […] portaient des chapeaux ornés de plumes et cornes, et lorsqu'ils partaient au galop, ils s'écriaient "Kihaha!" tout comme nous aujourd'hui », s'exclamait en 1950 le poète Gedun Chöphel. Si cette fougue a permis aux Tibétains de construire un empire, leur conversion au bouddhisme entraîna une symbiose de l'État et de la religion qui domina la scène politique jusqu'en 1959.

CHAPITRE 3

ROIS ET LAMAS : DE L'EMPIRE À LA THÉOCRATIE

Les monuments de Lhasa, le Potala, le Jokhang et ses monastères sont illustrés sur cette peinture du XIXᵉ siècle, condensé d'histoire tibétaine (à gauche). Y figure aussi le monastère de Samye, construit par le roi Trisong Detsen (755-797?) – ici représenté à Gyantse (statue, XVᵉ siècle).

Un empire surgi des hauts plateaux

Le Tibet émerge sur la scène de
l'histoire au VIIᵉ siècle apr. J.-C. et,
en moins d'un siècle, contrôle
un territoire gigantesque qui va
du nord des confins de l'Asie
centrale à la Chine. Des traces
de peuplement, sous forme d'outils
lithiques, remontent toutefois
au paléolithique. Au néolithique,
des vestiges d'habitations, des
peintures et gravures rupestres,
des poteries, des nécropoles ont été
découverts sur tout le territoire.
L'« âge du métal » est une longue
période (IIᵉ millénaire-VIᵉ siècle
apr. J.-C.) et présente des mégalithes,
des tombes et des objets en métal
avec des motifs animaliers proches
de l'art des
steppes, mais que le manque
d'informations archéologiques
rend difficile à cerner.
L'organisation socio-politique
des habitants pendant
la protohistoire est encore
inconnue.
L'époque prémonarchique
est aussi chronologiquement
floue. Elle se situerait soit
au VIᵉ siècle, soit entre
les IIᵉ et VIᵉ siècles,
car la tradition
tibétaine parle
d'une série
de rois à partir
des IIᵉ-IIIᵉ
siècles, qui
aurait été
la dynastie
Pugyel.
La société

Le roi Songtsen
Gampo (ci-dessus,
figuré au Potala) bâtit
au VIIᵉ siècle l'empire
tibétain en une
succession de
conquêtes rapides.
L'histoire de ce roi,
considéré comme
une incarnation
d'Avalokiteshvara, fut
fortement bouddhisée
a posteriori et retracée
dans un texte-trésor
« découvert » au
XIIᵉ siècle. Les « trésors
religieux » (*terma*) sont
des textes ou objets
religieux qui auraient
été cachés par
Padmasambhava ou
ses disciples pour être
découverts à une
époque propice par
un maître prédestiné,
le « découvreur de
trésor » (*tertôn*).

était probablement structurée en clans, dirigés par des seigneurs indépendants et alliés par mariage. Dès cette époque, les Annales chinoises consignent des renseignements sur le Tibet, « Tufan ». Les Chinois dénomment aujourd'hui la période prémonarchique et monarchique *Tubo* ou *Tufan*.

À la fin du VIᵉ siècle, Namri Songtsen, un chef de la fertile vallée du Yarlung, affluent du Tsangpo (Brahmapoutre) au sud-est de l'actuelle Lhasa, se lance dans une campagne d'unification des principautés du Tibet central. Son fils Songtsen Gampo (vers 620-649) consolide l'œuvre de son père, installe sa résidence principale à Lhasa et entreprend à partir de 640 une série de conquêtes hardies, sinon durables : vallée de Kathmandu, ouest du Tibet avec annexion du Zhangzhung qui englobe aussi le Népal occidental, Tibet du Sud-Est, et même les régions autour du lac Kokonor habitées par différents groupes turco-mongols. Le roi aurait alors obtenu, entre autres épouses, une princesse népalaise et une princesse chinoise, signe d'alliance politique suprême.

Venu du cœur de l'Asie, un empire tibétain s'est constitué, bousculant même la Chine des Tang dans ses confins occidentaux du Sichuan. En 703, les armées tibétaines envahissent le Jan (une partie du futur Nanzhao) au nord-ouest du Yunnan, région de chevaux et de sel.

Conquêtes vers la Chine et l'Asie centrale

Pendant plus d'un siècle, le Tibet, redouté pour ses armées très mobiles, se fait donc une place sur la carte de l'Asie. Cette expansion met Chinois et Tibétains face à face pour l'hégémonie sur des terres à la frontière avec la Chine, y compris les oasis d'Asie

Pour consolider ses alliances politiques, le roi Songtsen Gampo épousa des femmes de pays différents. Les plus célèbres sont Bhrikuti, une princesse népalaise (page de gauche) et Wencheng, une princesse chinoise (ci-dessous ; statues du Potala). Les fondations des temples du Jokhang et du Ramoche leur sont respectivement attribuées et elles sont considérées comme des émanations de la Tara verte et de la Tara blanche.

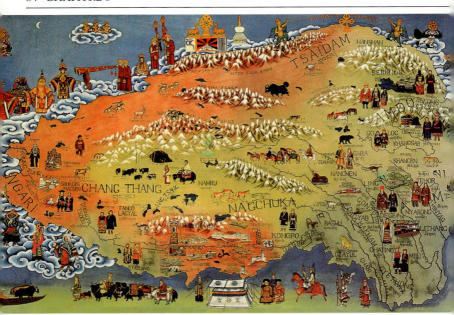

centrale et les confins turbulents du Yunnan.
Des échanges de tributs ont lieu tous les ans avec
les grands voisins, dont les rois de Kathmandu,
les Pala du Bengale et la dynastie des Tang.

L'extension la plus importante de l'empire
tibétain a lieu au VIIIᵉ siècle avec le descendant
de Songtsen Gampo, le roi Trisong Detsen
(vers 755-797). Celui-ci profite d'un affaiblissement
de l'empire des Tang, dû à la grande révolte de leur
gouverneur turco-sogdien An Lushan, mais aussi
aux coups des forces arabo-turques. Celles-ci
commencent leur expansion dans les oasis du Tarim
après leur victoire sur les Chinois à la bataille
du Talas (actuel Kirghizstan) en 751. Dans la même
période, les Tibétains reçoivent l'alliance du
royaume du Nanzhao au Yunnan. En 763, appuyés
par des forces ouïghoures, les Tibétains font
une percée jusqu'à la capitale chinoise de Chang'an
(Xian), qu'ils mettent à sac avant de se retirer.
La paix est finalement signée avec la Chine en 783.

Cette carte moderne
illustre le Tibet
culturel et ethnique
qui se constitua au
VIIᵉ-VIIIᵉ siècle.
Les témoignages
contemporains de
cette époque sont
les documents de
Dunhuang qui, même
fragmentaires, sont
d'un intérêt historique
et religieux
inestimable. L'oasis
de Dunhuang (page de
droite, dessin du site,
IXᵉ siècle) était un lieu
stratégique sur la
Route de la Soie et
avait été occupée aux
VIIIᵉ et IXᵉ siècles
par les Tibétains, qui
furent ainsi en contact
avec d'autres peuples
d'Asie centrale.

Les Tibétains contrôlent alors les oasis d'Asie centrale, dont Dunhuang. En 790, ils atteignent le fleuve Amou-Daria et la région, riche en chevaux, du Ferghana qui marque leur point d'expansion extrême à l'ouest car ils sont contenus par les troupes de Harun al-Rashid, calife de Baghdad.

Un colosse aux pieds d'argile...

À la mort de Trisong Detsen à la fin du VIIIe siècle, les germes de l'effritement de l'empire sont en place. Les Arabes s'allient aux Chinois. Quant aux Ouïghours, qui sont en pleine expansion, ils harcèlent continuellement les oasis-garnisons tibétaines d'Asie centrale. De vaines escarmouches continuent au

Écrits en chinois, tibétain, sanskrit, et ouïghour, les manuscrits de Dunhuang ont été découverts vers 1900, murés dans une grotte de l'oasis, par Wang, un moine taoïste chinois. Les orientalistes Aurel Stein en 1907, puis Paul Pelliot en 1908, alors en expédition archéologique en Asie centrale, entendent parler de cette découverte. À tour de rôle, ils visitent la

nord-ouest avec la Chine jusqu'à ce qu'un autre traité de paix soit signé en 822-823. Le texte, qui fixe aussi les limites des deux empires, est écrit en chinois et tibétain sur trois piliers en pierre : l'un à Chang'an, le second à la frontière tibéto-chinoise, le troisième à Lhasa. En 842, la dynastie tibétaine s'effondre avec le meurtre du roi Lang Darma, que l'historiographie bouddhique tardive présente comme anti-bouddhiste – un point de vue qui doit être nuancé à la lumière de nouveaux documents.

grotte et achètent à Wang un grand nombre de manuscrits. Ceux-ci sont depuis conservés au British Museum à Londres et à la Bibliothèque nationale à Paris, et sont en cours de publication. Des microfilms ont en outre été donnés à la Chine.

La chute de la dynastie tibétaine et l'annihilation de l'État ouïghour par leurs vieux ennemis kirghizes déstabilisent un peu plus cette partie de l'Asie centrale. Les Chinois retrouvent des alliés et les Tibétains sont chassés des oasis, entre autres Dunhuang, Khotan et Hami. La Chine des Tang sort pour l'instant victorieuse de la lutte pour l'enjeu ultime, le contrôle des routes commerciales entre la Chine et la Perse et la domination des « Barbares de l'Ouest ».

Par ses conquêtes trop vastes et donc des populations diverses mal contrôlées, l'empire tibétain est un colosse aux pieds d'argile. En fait, depuis le roi Songtsen Gampo, en fonction des mariages d'État et des retournements d'alliances avec certains peuples locaux, conquêtes fulgurantes et pertes rapides s'enchaînent, et ceci d'autant plus qu'un conflit religieux entre tenants de la religion prébouddhique et du bouddhisme affaiblit la dynastie. C'est une période d'intrigues de palais où assassinats et complots se succèdent.

... mais un essor culturel sans précédent

Cependant, l'époque dynastique est aussi marquée par une mutation culturelle et intellectuelle extraordinaire. Les civilisations chinoise et indienne, mais aussi celle du Zhangzhung au Tibet de l'Ouest et celle des mondes gréco-iraniens, influencent les Tibétains. En fonction de leurs acquis autochtones, ils créent une culture qui fonde la culture tibétaine telle qu'elle est connue aujourd'hui. Ils se dotent d'une langue écrite encore utilisée de nos jours ; les textes canoniques sont traduits du sanskrit en tibétain ; le bouddhisme devient religion d'État au VIIIᵉ siècle.

Du point de vue tibétain, « trois rois selon la loi bouddhique » (*chögyel sum*) jouent un rôle prédominant : Songtsen Gampo auquel est attribuée l'introduction du bouddhisme mais qui garde en fait encore de forts ancrages dans la religion prébouddhique ; Trisong Detsen (755-797 ?) qui

Lors de la construction du monastère de Samye au Tibet central, les divinités locales empêchèrent les travaux. Le roi Trisong Detsen demanda à Padmasambhava de les subjuguer. Mais lors de leur rencontre, le roi refusa de s'incliner devant le maître qui, dans un geste de subjugation, fit jaillir des flammes... et le roi se prosterna (peinture, XIXᵉ siècle, Samye).

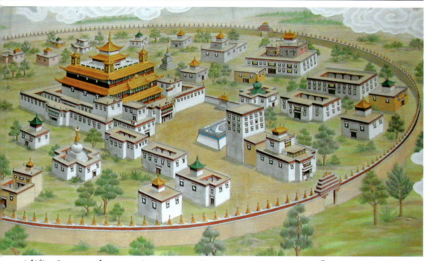

édifie Samye, le premier monastère, en 775 avec l'aide du tantriste indien Padmasambhava, et fait du bouddhisme la religion d'État en 779 ; et Relpachen (815-838). À celui-ci, il faut toutefois ajouter son père Senaleg (804 ?-815). Ces deux rois, très pieux, invitent des maîtres de l'Inde et du Népal – un lexique bouddhique sanskrit-tibétain encore utilisé, *Mahavyupatti*, est constitué – et attribuent des privilèges au clergé et aux monastères. Cette protection du bouddhisme irrite les tenants de la religion prébouddhique, nombreux au sein même de la cour, et conduit certainement à l'assassinat de Relpachen en 838 par son frère Lang Darma, présenté plus tard comme un persécuteur du bouddhisme. Lang Darma est à son tour assassiné par un moine bouddhiste en 842, et pendant un peu plus de cent ans, le Tibet disparaît de la scène.

Le monastère de Samye (peinture moderne, Tsethang) aurait été construit sur le modèle de celui d'Odantapuri en Inde. C'est un mandala cosmique en trois dimensions avec la tour centrale représentant l'axe du monde – le mont Sumeru (ou Meru) –, les bâtiments annexes étant les continents et l'enceinte de chortens, la muraille de fer. Très abîmé pendant la révolution culturelle, le monastère a été restauré récemment ; mais le pilier de pierre, datant du VIIIe siècle (ci-contre), a miraculeusement survécu. L'édit gravé y établissait le bouddhisme comme religion d'État.

Les monastères tibétains peuvent avoir deux configurations. Tandis que les plus anciens sont bâtis sur un terrain plat et reprennent souvent le plan de mandala des monastères indiens (ci-contre, construction de Samye, peinture du XIXe siècle, ou Tholing page suivante), à partir du XIe siècle, ils sont construits à la façon d'une ville fortifiée avec des bâtiments se serrant au-dessous d'un ou plusieurs sanctuaires à l'assaut de la montagne, ou même comme une vraie forteresse à flanc de rocher. Toutefois, quelle que soit leur disposition, les bâtiments ont toujours la même fonction : temples de taille différente avec ou sans cour, sanctuaire des divinités protectrices, cellules ou maisonnettes des moines, cuisine, réserves diverses, toilettes. Les livres sont placés dans les temples où se font également les enseignements mais certains étudiants vont écouter les maîtres chez eux. Les monastères sont construits en pierre, matériau noble, et le bois vient parfois de plusieurs centaines de kilomètres. Les éléments de charpente et de menuiserie sont d'abord assemblés au sol (ci-contre).

Après un siècle obscur, le renouveau bouddhique

Entre 852 et 970, il est difficile de savoir ce qui se passe au Tibet, les documents contemporains, y compris chinois, faisant défaut. Le bouddhisme est déraciné par la perte des communautés monastiques et du patronage royal, mais survit certainement dans des petits groupes isolés. Le renouveau bouddhique viendra à la fois de l'Amdo, à l'est du Tibet, où des moines se sont réfugiés, et de l'ouest, grâce à

des descendants de la famille royale dispersée, qui ont fondé un royaume, celui de Guge. Il recouvre l'ancien Zhangzhung et il est composé des régions de Guge, Purang, Ladakh, Spiti et Kinnaur. À la fin du Xe siècle, afin de rétablir le bouddhisme, ces rois du Tibet de l'Ouest envoient des jeunes gens au Cachemire et en Inde, où ceux-ci deviennent traducteurs. Le plus célèbre est Rinchen Zangpo (958-1055) qui traduit des textes canoniques, révise des tantras anciens ; la fondation de temples dans tout le Tibet de l'Ouest lui est attribuée. Yeshe Ö, roi bouddhique de Guge, patronne la construction de monastères : Tholing et Tabo en 996. En 1042, son descendant, Changchub Ö, invite Atisha, un *pandit* bengali, grand érudit bouddhique, à participer à la renaissance du bouddhisme. Atisha va insuffler

Le Tibet de l'Ouest fut aux Xe et XIe siècles un foyer de renaissance du bouddhisme et sa proximité avec l'Inde et le Cachemire permit à des Tibétains de se former auprès de maîtres indiens. Ainsi Rinchen Zangpo (en haut, peinture d'Alchi, Ladakh, vers 1200) qui joua un rôle décisif dans la traduction et la propagation des textes bouddhiques ainsi que du culte du Bouddha suprême, Vairocana (en bas, peinture de Tsaparang, XVIe siècle). Vairocana est la figure principale du tantra du même nom. Ce texte connut une immense popularité, y compris au Japon, car il synthétisait plusieurs autres tantras.

un véritable renouveau de la doctrine et de la discipline monastique au Tibet jusqu'à sa mort en 1056. Ses disciples s'appellent les *Kadampa*, « ceux qui suivent les ordres oraux ».

La deuxième diffusion du bouddhisme, entre religion et politique

Pendant ce temps, des moines, qui avaient reçu la transmission des vœux monastiques, reviennent de l'est du Tibet au Tibet central et commencent à créer des petites communautés. Partout, c'est une effervescence religieuse et intellectuelle. De nombreux Tibétains partent pour l'Inde, le Népal et le Cachemire chercher des enseignements et ce mouvement ne s'arrêtera qu'avec les invasions musulmanes au début du XIIIᵉ siècle.

Cette deuxième diffusion du bouddhisme est importante tant du point de vue religieux que politique. En effet, étant donné l'importance du maître et des explications orales dans le bouddhisme tantrique, des figures charismatiques vont émerger, attirant autour d'elles de nombreux disciples. Ces communautés reçoivent le soutien de « patrons-donateurs » laïcs et construisent des monastères. Petit à petit, ceux-ci deviennent

À l'époque protohistorique, le Tibet de l'ouest (Ngari) fut le berceau de la culture du Zhangzhung – que l'on découvre à peine aujourd'hui – et des croyances *bön* ; au Xᵉ siècle, il servit de base de renouveau au bouddhisme et jusqu'au XVIIᵉ siècle, fut le centre du royaume de Guge, dont l'une des capitales était Tholing (ci-dessous), situé dans le site grandiose du canyon de la Sutlej. Tholing fut l'un des premiers monastères tibétains (996) et, comme Samye, il avait un plan de mandala. Malgré son éloignement du pouvoir, il fut très abîmé par la révolution culturelle.

des centres théologiques et littéraires, mais aussi des puissances économiques grâce aux dons en terres et en animaux. Chaque école construit des monastères affiliés à son centre principal, tentant de repousser le plus loin possible son influence religieuse.
À cause de la vénération et du prestige dont ils sont l'objet, les moines prennent de plus en plus part à des médiations entre seigneurs locaux. Insensiblement, naturellement, les écoles – déjà puissances religieuses et économiques – vont jouer un rôle politique de plus en plus grand et combler cette vacance du pouvoir central laissé libre par la chute de la monarchie.

Les *Sakyapas* face aux Mongols

À partir du XIIIᵉ jusqu'au début du XVIIᵉ siècle, les écoles religieuses vont se disputer le pouvoir politique, parfois non pas directement en leur nom mais alliées à de puissants patrons-donateurs, même non tibétains. La première école à vraiment assumer le pouvoir politique entre 1260 et 1354 est celle des *Sakyapa*, dans une relation de chapelain-donateur avec les Mongols, dont les armées lancent des raids destructeurs sur le Tibet central. Recevant des enseignements religieux des lamas tibétains, les Mongols épargnent le Tibet et deviennent des protecteurs. Khubilaï Khan attribue la juridiction religieuse et politique sur tout le Tibet à Phagpa, un lama *sakyapa*, et lorsqu'il devient empereur de Chine en 1260, le prestige des *Sakyapa* s'accroît. La succession d'oncle à neveu au sein des écoles religieuses va permettre le contrôle du pouvoir par la famille de Sakya. L'influence mongole est importante dans toute la réorganisation de l'administration tibétaine, les titres et grades, et les costumes.

Le lama Sakya Pandita (1182-1251 ; en bas, statue du XVᵉ siècle), considéré comme le plus grand savant du Tibet, était le chef de l'école religieuse des *Sakyapa*. En 1244, il fut appelé dans la région du Kokonor où campait le prince mongol Goden, qui désirait recevoir des enseignements. Sakya Pandita resta à la cour du prince jusqu'à sa mort et contribua ainsi au prestige des *Sakyapa*, non seulement du point de vue religieux mais également du point de vue politique puisque ce sera le début de leur ascendance au Tibet central.

Dans la seconde moitié du XIVᵉ siècle, les *Sakyapa* perdent le pouvoir au profit des *Phagmodrupa*, une branche des *Kagyupa* dont le représentant le plus prestigieux est Changchub Gyeltshen (1302-1373), qui rompt tout lien avec la dynastie mongole des Yuan puis celle chinoise des Ming qui lui succède en 1368. Il accroît l'indépendance du Tibet et instaure le système administratif des *dzong*, « forteresses-districts ».

Karmapa et Gelugpa, des XVᵉ et XVIᵉ siècles troublés

Entre-temps, un nouvel élément est apparu au Tibet central et bouleverse le paysage politico-religieux. Tsongkhapa (1357-1419), un maître de l'Amdo venu au Tibet central, rassemble de nombreux disciples et patrons laïcs autour de ses enseignements, prêchant un bouddhisme réformé et strict. Son école

Phagpa (1235-1280), neveu de Sakya Pandita, avait accompagné son oncle au Kokonor. Il fut le premier à entrer dans une relation formelle de « chapelain-donateur » avec un chef étranger, en l'occurrence le souverain des Mongols, Khubilaï Khan (1215-1294). Les deux hommes sont représentés sur cette peinture (Gyantse, XVᵉ siècle) assis au même rang, illustrant ainsi l'égalité de leur relation.

prend le nom de *Gelugpa*, « les Vertueux », et reprend les enseignements, tombés en désuétude, des *Kadampa*. Son succès est considérable et les grands monastères *gelugpa* sont fondés autour de Lhasa : Drepung, Séra et Ganden.

L'école *kagyupa* se scinde en de nombreuses branches dont, aujourd'hui, seuls les *Drigungpa*, les *Drukpa* et les *Karmapa*

Les *Karmapa* dès le XIIᵉ siècle, puis les *Gelugpa* vont rompre avec la transmission du pouvoir par le sang et instaurer la succession à la tête de leur école par un système de lignées de réincarnations, les *troulkou*. Ce système, adopté par toutes les autres écoles, marque, pour le Tibet, un changement politico-religieux profond. En 1407, le 4ᵉ chef de l'école des *Karmapa* et, quelques années plus tard, le neveu de Tsongkhapa se rendent à Beijing à l'invitation des Ming mais les liens entre le bouddhisme tibétain et la dynastie chinoise ne sont pas aussi importants que du temps des Yuan.

En 1434, les *Phagmodrupa* qui avaient toujours un contrôle politique sur le Tibet sont contestés par les chefs de Rinpung, une localité au nord de Shigatse. Commencent alors deux siècles de luttes sournoises ou déclarées entre les deux plus importantes écoles religieuses du Tibet central à l'époque, les *Karmapa* et les *Gelugpa*, souvent par l'intermédiaire de leurs

subsistent. Les *Karmapa* deviennent aux XVᵉ et XVIᵉ siècles les rivaux des *Gelugpa* qui avaient établi leurs monastères principaux, dont Drepung (ci-dessus), près de Lhasa. Le Tibet central est alors un champ de luttes entre ces deux écoles jusqu'à la victoire des *Gelugpa* au début du XVIIᵉ siècle.

protecteurs laïcs auxquels leur sort est lié. Les *Karmapa* sont soutenus par les seigneurs de Rinpung tandis que les *Gelugpa* sont protégés par les chefs *phagmodrupa* de la région de Lhasa. Le renversement des seigneurs de Rinpung, au début du XVIe siècle, par l'un de leurs féodaux ne change pas la situation car celui-ci, installé à Shigatse avec le titre de « roi du Tsang », et ses descendants soutiennent les *Karmapa*. Les *Gelugpa* sont dans une situation difficile car les *Phagmodrupa* sont de plus en plus affaiblis.

De zélés partisans des *Gelugpa*

En 1577, Sonam Gyatso, le 3e abbé de Drepung, est invité en Mongolie par Altan Khan, le chef de la tribu mongole Tumed. Il y arrive en 1578 – et cette année est une date importante dans l'histoire du Tibet

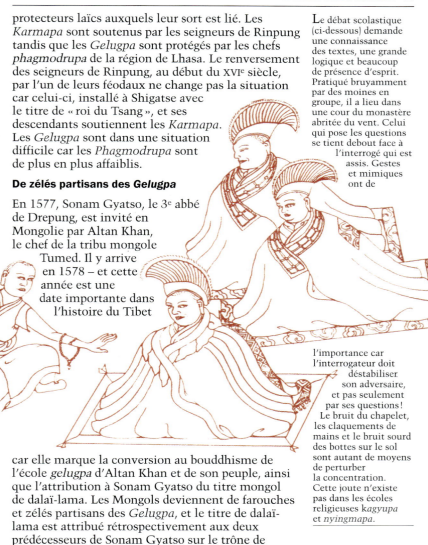

Le débat scolastique (ci-dessous) demande une connaissance des textes, une grande logique et beaucoup de présence d'esprit. Pratiqué bruyamment par des moines en groupe, il a lieu dans une cour du monastère abritée du vent. Celui qui pose les questions se tient debout face à l'interrogé qui est assis. Gestes et mimiques ont de l'importance car l'interrogateur doit déstabiliser son adversaire, et pas seulement par ses questions ! Le bruit du chapelet, les claquements de mains et le bruit sourd des bottes sur le sol sont autant de moyens de perturber la concentration. Cette joute n'existe pas dans les écoles religieuses *kagyupa* et *nyingmapa*.

car elle marque la conversion au bouddhisme de l'école *gelugpa* d'Altan Khan et de son peuple, ainsi que l'attribution à Sonam Gyatso du titre mongol de dalaï-lama. Les Mongols deviennent de farouches et zélés partisans des *Gelugpa*, et le titre de dalaï-lama est attribué rétrospectivement aux deux prédécesseurs de Sonam Gyatso sur le trône de Drepung. Après la mort de celui-ci en 1588 sur le chemin du retour au Tibet, le 4e dalaï-lama (1589-1617) est trouvé dans la famille proche d'Altan Khan.

Bien que soutenus par les Mongols, les *Gelugpa* ne sont guère en position de force au Tibet central. Tous les prétextes sont bons pour que les hostilités reprennent : insultes réciproques, manque de respect, destruction de propriétés. En 1605, le roi du Tsang et les *Karmapa* chassent les Mongols de la région de Lhasa ; la tension est vive pendant des années, aboutissant même en 1618 à des attaques de monastères *gelugpa* par les troupes du Tsang.

Dans ces conditions politico-religieuses troublées, la reconnaissance du 5ᵉ dalaï-lama est gardée secrète pendant quelques années car les *Gelugpa* craignent pour sa vie. Finalement, après des raids mongols sur les troupes du Tsang non loin de Lhasa, celles-ci évacuent la région et la situation s'apaise quelque peu. En 1622, la découverte du 5ᵉ dalaï-lama est révélée, et l'enfant est intronisé au monastère de Drepung.

La montée au pouvoir des dalaï-lamas, le «Grand Cinquième» (1617-1682)

Le 5ᵉ dalaï-lama est appelé « Grand Cinquième » par les Tibétains car il donne au Tibet une grandeur et une influence jamais retrouvées depuis l'empire. Incarnation du Bodhisattva Avalokiteshvara et du roi Songtsen Gampo, il va assurer la suprématie temporelle de la lignée des dalaï-lamas et de l'école des *Gelugpa* sur le Tibet. Renouant au-delà des siècles avec la tradition impériale,

Au monastère de Samye, un grand panneau du XIXᵉ siècle représente les donateurs des différentes régions où le bouddhisme tibétain avait de l'influence (ci-dessus). Les Mongols et les Mandchous, reconnaissables à leurs chapeaux, et les gens du Sud de l'Himalaya, portant turbans et défenses d'éléphant, se pressent pour présenter leurs offrandes au 5ᵉ dalaï-lama et recevoir sa bénédiction (page de droite). Deux moines, au pied du trône, essaient de les faire mettre en rang et de rétablir un ordre cérémoniel.

il transfère sa résidence au Potala de Lhasa et fait de la ville une capitale renommée. Homme érudit et mystique, politique remarquable et écrivain hors pair, sa personnalité en fait une des grandes figures de l'histoire tibétaine.

Pour asseoir son pouvoir et se débarrasser de ses ennemis, le jeune dalaï-lama se tourne vers les alliés mongols des *Gelugpa*, et en particulier vers Gushri Khan, de la tribu des Qoshot. Celui-ci lance ses armées d'abord sur le Tibet de l'Est, puis vers le Tibet central où il vainc le roi du Tsang et les *Karmapa*. En 1642, le 5e dalaï-lama, au cours d'une grande cérémonie à Shigatse, capitale du Tsang, est investi du pouvoir temporel sur tout le Tibet par Gushri Khan, renouant ainsi avec la relation chapelain-donateur qui commença au XIIIe siècle entre le lama *sakyapa* Phagpa et Khubilaï Khan. Courtisé par la dynastie mandchoue des Qing, qui considère le 5e dalaï-lama comme pouvant contrôler la fougue mongole, celui-ci se rend en visite à Beijing en 1652-1653.

Le plus grand protecteur du 5e dalaï-lama fut le chef mongol Gushri Khan (1582-1655 ; page de gauche, en bas). Il fut en 1642 l'artisan de la victoire militaire et politique des partisans, notamment *gelugpa*, du 5e dalaï-lama, sur le roi du Tsang, fidèle des *Karmapa*. Le « Grand Cinquième », né dans une famille noble non loin de Samye, alliait érudition, dévotion et humour. Son sens politique lui fit quitter le monastère de Drepung pour faire de Lhasa le centre politique du Tibet et du palais du Potala son symbole.

Les années 1670-1685 sont celles des conquêtes : la vallée de Chumbi au sud du Tibet, certaines régions du Khams, et la partie de l'ouest du Tibet contrôlée par le Ladakh ; seul le Bhoutan résistera victorieusement. Aux conquêtes territoriales qui réunifient le Tibet pour la première fois depuis l'empire, succède bien sûr l'implantation de grands monastères *gelugpa*. Après la mort de son tuteur, le panchen Lama, en 1662, le dalaï-lama institue la lignée de réincarnations des panchen-lamas, résidant à Tashilunpo près de Shigatse ; mais les deux lignées prendront souvent par la suite des positions politiques antagonistes.

Cette domination temporelle réalisée avec l'appui de la tribu mongole qoshot engendre des dérives politiques quelques années après la mort de ce grand homme d'État dont la vie fut marquée par le secret. En effet, comme sa découverte, sa mort est gardée

Tashilunpo est le monastère des panchen-lamas, près de Shigatse (dessin Sven Hedin, 1907).

secrète par son régent, le *desi* Sangye Gyatso (1653-1705), érudit en médecine et homme d'État qui, dans un contexte politique fluctuant, préfère ne pas déclarer la mort du Grand Cinquième en 1682. Celle-ci ne sera annoncée qu'en 1696, à la fureur de la dynastie Qing, dont les émissaires furent bernés en 1690, et des Mongols, qui accusent le régent d'avoir voulu garder le pouvoir. Ce dernier sera assassiné par Lhazang Khan, chef des Qoshot, en 1705.

Le 6e dalaï-lama, âgé alors de 13 ans, monte sur le trône. Sa personnalité excentrique pour un maître *gelugpa*, son refus de prendre des vœux monastiques complets et son amour de la poésie et des femmes lui attirent la sympathie du peuple mais les foudres des Mongols et des Qing, qui ont déjà perdu confiance dans le gouvernement tibétain.

L'influence de la dynastie des Qing, une réalité du XVIIIe siècle

La vacance du pouvoir, l'absence d'homme fort et respecté et la turbulence des Mongols entraînent trente années mouvementées pour le Tibet, de plus en plus dans la sphère des Qing. Le 6e dalaï-lama est déposé et meurt sur le chemin de l'exil. Deux groupes mongols occupent à tour de rôle le Tibet central : les Qoshot, soutenus par l'empereur Kangxi des Qing, puis les Dzungar en 1717, d'abord vus comme des libérateurs avant qu'ils ne pillent et détruisent les monastères non *gelugpa*. Quant au 7e dalaï-lama (1708-1757), Kesang Gyatso, né au Kham, il est soustrait aux Dzungar par son père et « prend refuge » au monastère de Kumbum, en Amdo au nord-est du Tibet où il se retrouve « protégé » par la dynastie des Qing. L'enfant est un pion politique et, en 1720, il est emmené à Lhasa par une armée mandchoue qui s'allie aux troupes tibétaines de deux généraux et chasse les Dzungar. Les Tibétains deviennent les obligés des Qing mais ne réalisent pas que le pays passe en zone d'influence Qing.

Lorsque, par vénération pour son maître Lobsang Chögyen (1569-1662 ; page de gauche, en haut, peinture, XVIIIe siècle), le 5e dalaï-lama instaura la lignée des panchen-lamas, ceux-ci furent considérés comme l'incarnation du Bouddha Amitabha (ci-dessus, peinture, fin XVe siècle). Amitabha est le Bouddha tutélaire d'Avalokiteshvara dont les dalaï-lamas sont les émanations. Lobsang Chögyen, qui résidait au monastère de Tashilunpo, est le premier panchen-lama mais le titre fut attribué rétrospectivement à ses prédécesseurs et Kedrup Je (1385-1438), un des disciples de Tsongkhapa, fut décrété premier de la lignée. Tashilunpo, construit en 1447, est devenu le siège de la lignée au XVIIe siècle.

Les luttes pro et anti-Qing au sein du pouvoir collégial s'intensifient à Lhasa. Le 7e dalaï-lama et sa famille sont anti-Qing. La prise violente du pouvoir par le général Pholane marque le début de l'influence directe de la Chine dans la gestion des affaires tibétaines. Le 7e dalaï-lama est banni à l'extrême-est du Tibet ; une partie du Kham oriental et de l'Amdo passe sous domination des Qing ; de petites garnisons chinoises sont établies dans plusieurs régions et deux commissaires impériaux mandchous, les *amban*, sont en poste à Lhasa et Shigatse ; des titres et des honneurs sont accordés aux nobles tibétains ; le grand commerce se développe. Le « règne » de Pholané (1728-1747) est important car il est le seul gouvernement laïc que le Tibet ait eu depuis l'empire. Pholané, homme d'État et diplomate, va assurer la stabilité intérieure du pays ; les Mandchous lui faisant confiance, il va également réussir à garder à un niveau purement formel leur ingérence dans les affaires tibétaines.

À partir de la fin du XVIIIe siècle, les relations entre le Tibet et le Népal se dégradent et donnent lieu à plusieurs expéditions armées. L'Himalaya n'est pas une barrière infranchissable et la voie commerciale passant par Kyirong devient aussi une route d'invasion pour l'armée gurkha du Népal

À sa mort, le pouvoir passe entre les mains des régents, religieux *gelupa*, et les intrigues au sein du cabinet des ministres et des grandes familles servent de politique pendant plus d'un siècle. Les dalaï-lamas se succèdent sans vraiment occuper le pouvoir, et ceci d'autant plus que le 8e se désintéresse des affaires temporelles et que, du 9e au 12e, ils meurent jeunes. Les panchen-lamas se tournent vers les Qing. Pour des querelles au sujet de frappe de monnaies, les Tibétains doivent affronter plusieurs fois les armées des Gurkha du Népal et recevoir l'aide des troupes mandchoues pour les repousser. Quant aux Mandchous, soucieux d'empêcher les Tibétains de passer sous la coupe britannique ou russe, ils encouragent la décision tibétaine de fermer le Tibet aux Occidentaux au début du XIXe siècle.

comme en 1855 (ci-dessus). Sous prétexte de violations commerciales de la part des Tibétains, les Gurkha, alors dirigés par le puissant ministre Jung Bahadur Rana, occupent les districts frontaliers au sud du Tibet ; cette invasion entraîne des combats avec les troupes tibétaines. Un traité complexe reconsidèrera les relations entre les deux pays en 1856.

Si le Tibet était au XVIIIᵉ siècle sous influence mandchoue, celle-ci va se diluer tout au long du XIXᵉ siècle, la dynastie des Qing ayant d'autres priorités que le Tibet. Leurs garnisons sont réduites au rang d'escortes ; les *amban* voient leur poste comme un exil et les relations tibéto-manchoues se limitent à des échanges de cadeaux et de politesses.

Le 13ᵉ dalaï-lama, indépendance et fin d'un monde

Le 13ᵉ dalaï-lama, Thubten Gyatso (1876-1933), ayant survécu à une tentative d'assassinat, se révèle un homme politique hors pair à un moment où les luttes des grandes puissances russe, britannique et chinoise pour la suprématie en Asie centrale sont à leur paroxysme. Les Britanniques, qui veulent entrer au Tibet essentiellement pour des raisons commerciales, font face à des fins de non-recevoir de la part du gouvernement tibétain. En même temps, les rumeurs d'une influence russe auprès du 13ᵉ dalaï-

Établir des relations commerciales avec le Tibet était une priorité des Britanniques de la Compagnie des Indes. En 1774, le jeune émissaire George Bogle (debout en blanc) rencontra à Shigatse Palden Yeshe, le 6ᵉ panchen-lama. L'entrevue est immortalisée dans ce célèbre tableau (T. Kettle, Calcutta, 1775) où le style de l'époque romantique se mélange à des éléments véridiques. Bogle s'entendit très bien avec les Tibétains et il ramena même de sa mission une épouse tibétaine.

lama se font persistantes, sans compter un accord éventuel entre la Russie et la Chine au sujet du Tibet !

En 1904, les Britanniques lancent une expédition militaire contre le Tibet et parviennent à obtenir des accords commerciaux. Le dalaï-lama s'enfuit vers la Mongolie. Alors que les *amban* redeviennent puissants à Lhasa et que le gouvernement tibétain est incapable de réagir en l'absence du dalaï-lama, celui-ci se rend à Beijing en 1908 et rencontre de nombreux diplomates, y compris français, tout en réaffirmant la position du Tibet vis-à-vis de l'impératrice Cixi – celle d'une relation de « chapelain-patron » et rien de plus.

Depuis 1905, dans la partie du Tibet oriental déjà contrôlée par les Qing, les rébellions ne cessent d'éclater ; un *amban* et des missionnaires français jugés trop proches des Chinois sont tués. Cette révolte entraîne la sanglante répression du général mandchou Zhao Er Feng, « le boucher du Kham ». Celui-ci impose des réformes sur le modèle chinois et crée la province du Xikang, au Tibet de l'Est, dont il devient le gouverneur en 1908.

En 1909, le dalaï lama revient à Lhasa, après cinq années d'exil, et entre immédiatement en conflit

N'ayant pu arriver à leurs fins commerciales et dans l'atmosphère d'espionnite du « Grand Jeu » qui régnait dans toute l'Asie centrale, les Britanniques envoyèrent une expédition militaire au Tibet en 1904 (ci-dessous, illustration du *Petit Journal*, février 1904). Commandée par le colonel Younghusband, elle devait forcer les Tibétains à établir des relations avec l'Inde britannique et contrecarrer une éventuelle influence russe. Après le massacre de Kuru, les Britanniques avancèrent jusqu'à Lhasa où des officiels tibétains durent les rencontrer.

ouvert avec l'*amban* Lian Yu, qui appelle 2 000 hommes du Sichuan en renfort. Lhasa est en partie pillée. Le dalaï-lama a envoyé des émissaires auprès des grandes puissances, mais celles-ci se désintéressent alors de la question tibétaine. Il repart en exil, cette fois vers l'Inde britannique où il sera bien accueilli. La Grande-Bretagne fait une protestation officielle auprès de la cour des Qing pour ingérence dans les affaires intérieures du Tibet. La période 1907-1911 est en effet la seule du passé où les Chinois essayeront de s'imposer par la force au Tibet central, et cette tentative est amèrement ressentie.

Dès la chute de la dynastie des Qing, en 1911, le 13e dalaï-lama proclame la rupture avec la Chine et précise que sa protection n'est ni nécessaire, ni désirée. Les derniers soldats chinois sont chassés du Tibet. En 1912, le dalaï-lama rentre à Lhasa : il est le premier dalaï-lama depuis le Grand Cinquième à assumer le pouvoir politique. En 1914, les Britanniques signeront un accord d'égal à égal avec les Tibétains.

Le dalaï-lama doit composer avec une puissante bureaucratie, les 20 000 moines des grands monastères autour de Lhasa, dont certains regrettent les cadeaux somptuaires des empereurs mandchous, et avec le panchen-lama dont la lignée est devenue

Le 13e dalaï-lama Thubten Gyatso (1876-1933) était un fin politicien (ci-dessus, en exil à Kalimpong, vers 1910) qui se dévoua pour le Tibet, dont il affirme l'indépendance en 1912 après la chute de la dynastie des Qing en Chine.

une sorte d'État dans l'État. Les malentendus conduiront à la fuite en Chine du 9e panchen-lama en 1923. Tandis que de rares Tibétains, comme le général Tsarong ou l'intellectuel Gedun Chöphel, comprennent la nécessité de moderniser la société tibétaine, les forces conservatrices sont trop puissantes et trop effrayées de changements qui pourraient survenir à leur détriment à la suite de contacts avec les étrangers. La réforme de l'armée et de la police est suspendue ; l'école anglaise, ouverte à Gyantse en 1924, est fermée au bout de deux ans. Le dalaï-lama a cédé devant les critiques de modernisme, même limité, et une chance d'ouverture est perdue à jamais.

En 1933, le 13e dalaï-lama meurt ; les Chinois envoient une délégation de condoléances, puis rouvrent leur mission. En 1936, une petite mission britannique est établie à Lhasa, avec l'accord du gouvernement tibétain, heureux d'avoir un autre pouvoir pour contrebalancer la Chine – ce que les représentants du Népal et du Bhoutan installés à Lhasa depuis deux siècles ne peuvent faire.

De plus, la haute société est très intéressée par les relations commerciales avec l'Inde britannique

En 1922, sous l'influence du 13e dalaï-lama, de certains officiels tibétains et des Britanniques, le Tibet s'ouvre à une timide modernisation. Cette photo est un raccourci saisissant de cette époque. Assis sur des chaises, les officiels portent des costumes de brocart ou des uniformes à l'occidentale, et le général Tsarong Dazang Dadul (au centre) est en uniforme avec des fourragères et des bottes rutilantes mais il est coiffé à la tibétaine. Homme d'ouverture et d'ambition qui modernisa l'armée, Tsarong sera démis de ses fonctions de commandant en chef puis de ministre en 1925.

La famille Tsarong était puissante au Tibet central et, avec les Pandatshang, venus du Tibet de l'Est, contrôlait une partie du grand commerce par caravanes (ci-dessous). Le commerce entre l'Inde, le Tibet et la Chine nécessitait des capitaux importants et comportait toujours une part de risques dus à la fois aux brigands et aux intempéries. Les caravanes de yaks et de mulets étaient accompagnées par des hommes en armes. Cotonnades, outils, fusils et frivolités venaient de l'Inde, thé et soie de Chine, tandis que le Tibet exportait de la laine, de l'or, et du musc. La route qui va du Tibet central

et par les produits importés de l'Inde comme le verre, les armes, les cotonnades. Des enfants de nobles sont envoyés en pension dans les collèges chics de Darjeeling et Kalimpong. En 1944, une école ouvre à Lhasa mais elle doit rapidement fermer à cause de l'opposition monastique.

Le 14e dalaï-lama, Tenzin Gyatso, né en Amdo en 1935, est intronisé à Lhasa en 1940 lors d'une cérémonie grandiose. Trop jeune, il ne peut empêcher que la politique intérieure soit à nouveau dominée par les querelles de régents. Le pays passe la Seconde Guerre mondiale dans un oubli bienvenu. La haute société et les moines continuent à vivre comme si le monde n'était pas en train de changer, comme si des signes avant-coureurs de catastrophe ne se profilaient pas à l'Est. En 1947, les Britanniques quittent l'Inde et en 1949 les Communistes prennent le pouvoir en Chine. Le destin du Tibet bascule de façon dramatique.

à Kalimpong en Inde est, près du Bhoutan, dominée par le mont Jomolhari (7 320 mètres).

« **Q**uel est donc le charme redoutable de ce pays étrange où toujours sont retournés ceux qui l'avaient une fois entrevu ? Pour retrouver ses montagnes et ses hommes, on repasse la mer, on traverse des royaumes entiers, toute la Chine [...]. On arrive alors, dans des déserts glacés, si hauts qu'ils ne semblent plus appartenir à la terre [...]. On y voit des maisons pareilles à des donjons massifs, toutes bourdonnantes de prières et qui sentent le beurre rance et l'encens. Ce pays est le Tibet [...] interdit aux étrangers, isolé du monde et si voisin du ciel [...]. »

Jacques Bacot, tibétologue, 1910

CHAPITRE 4

LA QUÊTE DE L'OCCIDENT

Au XVIIIe siècle, les explorateurs faisaient des aquarelles (ci-contre, S. Davis, 1783); au début du XXe siècle, la photo devient l'outil privilégié et les Occidentaux se mettent en scène. Ici Alexandra David-Néel avec des guerriers khampa (Kanze, 1924).

Dans ce désert et dans ce sable, il y a des fourmis qui sont plus petites que des chiens mais plus grosses que des renards [...]. Ces fourmis se creusent des terriers et, en les faisant, rejettent de la terre, comme les fourmis font chez nous. Elles ressemblent aussi beaucoup aux nôtres. Ce sable contient de l'or, et c'est pour ce sable que les Indiens sont envoyés dans ce désert [...]. Quand ils arrivent à l'endroit des monticules de sable, ils remplissent des sacs en cuir le plus vite possible et repartent sur leurs chameaux aussi vite que possible. Car ces fourmis, selon ce que les Persans disent, comprennent ce qui se passe grâce à leur odorat, et se lancent à la poursuite des Indiens [...].

Hérodote

Au tout début du XXᵉ siècle, le Tibet, cette terre mythique qui fait rêver tous les Occidentaux, n'est encore qu'une grande tache blanche sur les cartes d'Asie. De plus, sous l'influence du jeu des grandes puissances que sont la Russie, la Chine et l'Angleterre, il est plus que jamais un pays interdit et jalousement gardé. Pourtant, il n'en a pas été toujours de même, et d'intrépides voyageurs l'ont parcouru au cours des siècles. Missionnaires, explorateurs, représentants de l'Inde britannique, espions et aventuriers, tous – et chacun à leur manière – témoignent dans leurs récits d'une terre et d'une ville presque « inaccessibles », où la grandeur de la nature suscite une telle exaltation mystique que rêve et réalité se confondent. Aucun pays au monde n'a peut-être autant excité l'imaginaire de l'homme, qui a tenté, par tous les moyens et à toutes les époques, d'en percer le « mystère ».

Hérodote, le premier, fait allusion au Tibet lorsqu'il parle, dans ses écrits, d'une région du Haut-Indus où vivent des fourmis chercheuses d'or.

Par la suite, tous les récits ayant trait au Tibet mentionnent les orpailleurs et les mines d'or, alimentant ainsi le mythe d'une terre mystérieuse où serait caché un trésor.

Le mot Tibet apparaît pour la première fois dans la littérature occidentale avec le récit de voyage d'un explorateur espagnol, Benjamin de Tudele. Parti en Asie centrale au XIIe siècle, il rapporte « qu'à quelques jours de marche de Samarkand s'étend la province du Tibet dont les forêts abritent cette bête qui fournit le musc ». Ses sources proviennent probablement de la littérature arabe où, dès le VIIe siècle, on trouve le mot Tibet (*Tubbat*) et, associé à lui, le musc, cette glande du chevrotin porte-musc (*Moschus moschiferus*) connue depuis l'Antiquité et dont les Arabes font grand usage. C'est d'ailleurs dans cette même littérature arabe que l'on trouve, vers le Xe siècle, citée pour la première fois, la ville de Lhasa.

Les premiers voyageurs

La première vague de voyageurs en Asie centrale se situe au milieu du XIIIe siècle. En 1241, l'Europe se remet à peine de la grande frayeur provoquée par l'invasion des Mongols, qui se retirent soudainement à la mort de leur khan, Ögödaï. Le pape et le roi saint Louis décident alors d'envoyer des émissaires

La première carte montrant l'Orient de façon détaillée, sinon exacte, est commandée vers 1290 par les frères Polo alors qu'ils sont encore en Chine. En 1380, l'Atlas catalan montre l'Asie de la mer Noire à l'océan Pacifique en quatre tableaux et positionne les grandes villes de Chine. Mais c'est sur la carte de Fra Mauro en 1459 qu'apparaît pour la première fois et distinctement le mot « Tebet ». Fra Mauro, qui était de Venise, a été influencé par les cartes et récits

des Polo. La carte représente la Chine avec des illustrations typiques de la période médiévale. La Chine du Nord avec le fleuve Jaune est située au bas de la carte, tandis que la Chine du Sud avec le Yangzi est placée en haut. Le Tibet apparaît sur la gauche de la carte (ci-contre, détail, carte de Fra Mauro, 1459). Au XVIIe siècle sur la carte de Grueber, le Tibet apparaîtra comme le château d'eau de l'Asie, une réalité géographique que confirmeront les explorations deux siècles plus tard.

au Grand Khan de Mongolie afin de s'assurer de ses futures intentions. Jean du Plan Carpin, moine franciscain, arrive à la cour du khan Kuyuk en 1246. Il rapporte de cette mission *L'Histoire des Mongols*, dans laquelle apparaissent les premières informations sur le Tibet. Il raconte comment « l'armée des Mongols arriva dans le pays de Burithabet qu'elle vainquit par les armes; ce sont des païens qui ont cette coutume incroyable ou plutôt déplorable, que si le père de quelqu'un a payé à la mort le tribut de la nature, toute la parenté se rassemble pour le manger : c'est ce que l'on nous a assuré ». Cette rumeur a pour origine le rituel des funérailles célestes et, pendant plus de deux siècles, les récits des voyageurs en feront état.

En 1253, un nouvel émissaire de saint Louis, Guillaume de Rubrouk, arrive à la cour du khan Mangu. Dans son récit de voyage, il donne une première idée du bouddhisme tibétain, cite la célèbre formule religieuse *om mani battam* (en fait : *Om Mani Padme Hum*) et dit avoir même participé à un débat religieux. Il parle de moines idolâtres qui croient à la transmigration de l'âme et aux esprits. Il rapporte aussi que, là, vivent des hommes, les « tebet » qui sont cannibales et boivent dans le crâne de leurs parents.

Marco Polo, à son tour, s'intéressera aux coutumes tibétaines. Arrivé à la cour de Kubilai Khan en 1275, il remarque la présence de « sorciers » et prêtres tibétains. Pendant son périple, il aurait traversé des régions limitrophes du Tibet, peuplées selon ses dires de farouches brigands, crasseux et idolâtres, mais aux coutumes surprenantes.

Pendant bien longtemps, le père franciscain Ordoric Da Pordenone sera considéré comme le premier Occidental à avoir atteint Lhasa. Il quitte

Le caractère peu farouche attribué aux femmes du Tibet enflamme Marco Polo, bien qu'il n'ait jamais visité le pays : « Les vieilles femmes s'en viennent avec ces pucelles, leurs filles ou leurs parentes, et les mènent aux étrangers qui passent par là […]. » L'illustration (ci-dessous, *Livre des Merveilles*, vers 1400) montrant des cavaliers offrant une bague à des jeunes filles renvoie probablement à la phrase où le voyageur remet au matin « un annelet ou une petite chosette ». Les différentes versions du livre basé sur le récit attribué à Marco Polo eurent

une influence décisive sur la façon dont les Occidentaux se sont représenté l'Orient à partir du XVe siècle.

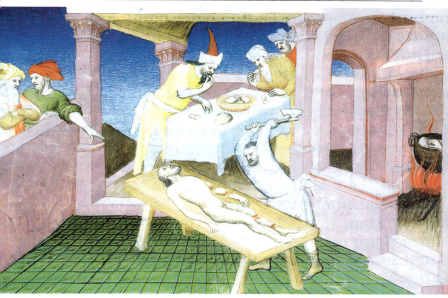

l'Europe en 1318 et visite le royaume de Riboth.
« Dans sa ville blanche, appelée Gota, personne
n'ose répandre de sang humain et cependant l'on
pratique les funérailles célestes et autres coutumes
abominables. » En fait, Da Pordenone n'a pas dû
pénétrer à Lhasa mais à Khotan, en Asie centrale,
et n'a fait que recueillir auprès des populations
locales ce qu'il décrit.

Au cours du XIVe siècle, l'empire Mongol perd
de sa puissance. Il ne fait plus peur à l'Europe qui
cesse d'y envoyer des émissaires. Parallèlement,
de nouveaux axes de commerce, plus aisés, sont
empruntés et ni apôtres, ni commerçants ne
s'aventurent plus dans ces contrées d'Asie centrale
qui restent, à travers les récits de ceux qui les ont
approchées, entourées de mystère et peuplées
d'esprits propres à l'imagerie du Moyen Âge.

Des missionnaires sur le Toit du monde

À la fin du XVIe siècle, la Société de Jésus, fondée en
1534, établit des missions en Inde et en Chine qui,

Le découpage des
cadavres choque les
Occidentaux. Il est
décrit vers 1330 par
Da Pordenone, qui
ne l'aurait connu que
par ouï-dire : « [...] ils
portent le corps mort
au milieu des champs
et droit là sur un
dressoir [...] les prêtres
lui coupent le corps
en pièces et donc
viennent les aigles et
les vautours et on jette
à chacun sa pièce [...]. »
(Ci-dessus, *Livre des
Merveilles*, vers 1400 ;
une illustration
similaire se trouve
dans *Le Livre de Jehan
de Mandeville* dès
1365.)

très vite, se mettent à la recherche de pays à convertir : tout naturellement, elles se tournent vers le Tibet. Antonio de Andrade, jésuite portugais, est considéré comme le premier Européen à avoir vraiment pénétré au Tibet. Il traverse la chaîne himalayenne par l'ouest et, bien que cette route soit extrêmement difficile d'accès, entre en 1624 dans la cité royale de Tsaparang, où il est reçu par le roi de Guge. À l'époque, ce royaume indépendant était tout aussi important que le Tibet central. Dans son récit, Andrade se montre touché par l'accueil particulièrement chaleureux du roi qui s'intéresse à sa religion, l'autorise à fonder une mission et à construire une église. Il trouve, par ailleurs, qu'il existe bien des similitudes entre les deux religions mais déplore l'animosité évidente du clergé bouddhique à son égard. Au cours de son séjour, il entend parler d'une autre région appelée Grand Tibet ou « Royaume d'Utsang », située à un mois et demi de marche plus à l'est. Il conseille de tenter d'y pénétrer par le sud de la chaîne himalayenne, du côté du Bengale.

Les missionnaires, tels Grueber, Desideri ou Andrade (ci-dessus à 54 ans, en 1634, portrait fait en Inde), rapportent les premières informations sur ce pays mais aussi sur son « roi », en fait le 5e dalaï-lama qui avait entrepris la construction du Potala. Grueber en rapportera un croquis (ci-contre). Ses informations sur Lhasa, devenue depuis peu la capitale du Tibet, sont les premières à avoir été constatées de visu et leur publication par Kircher en 1677 éveille un grand intérêt pour cet étrange pays. On trouve parmi les illustrations, ces « Deux idoles de la ville de Barantola » (page de droite) qui représentent le Bouddha historique et la forme d'Avalokiteshvara à onze têtes devant lesquelles deux Tibétains se prosternent.

En 1661, c'est un pays devenu une théocratie (en 1642) avec à sa tête le 5e dalaï-lama que découvrent les deux premiers Européens qui officiellement

pénètrent dans Lhasa. Les pères Grueber et d'Orville sont deux missionnaires, autrichien et belge, basés en Chine, qui se retrouvent dans l'impossibilité de rejoindre l'Europe par bateau. Ils décident alors de se rendre en Inde en traversant la Chine. Ils atteignent Lhasa le 8 octobre 1661, où ils restent plus de deux mois. Leurs notes et croquis seront publiés en latin par Athanasius Kircher, en 1677 ; ils ont la particularité de mentionner pour la première fois le nom du dalaï-lama et le palais du Potala.

Au début du XVIIIᵉ siècle, jésuites et capucins vont, parallèlement et sans avoir connaissance de leurs projets mutuels, tenter de fonder des missions au Tibet – ce qui, par la suite, les amènera à se disputer des droits d'antériorité. Alors que les capucins choisissent les voies plus accessibles, et surtout plus courtes, du sud de l'Himalaya, les jésuites,

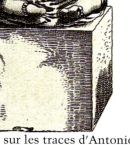

sur les traces d'Antonio de Andrade, réempruntent la périlleuse route de l'Ouest à travers les hauts plateaux tibétains du Ladakh. Leur voyage pour atteindre le « troisième et grand Tibet » sera épouvantable et durera plus de sept mois. En 1716, le père capucin Orazio Della Penna ainsi que les pères jésuites Emmanuel Freyre et Ippolito Desideri se retrouvent à Lhasa. S'ils n'apprécient pas cette cohabitation forcée au sein de la même ville,

Malgré tous les efforts de ces pionniers-missionnaires, l'Occident ne sait toujours que peu de chose du Tibet. En effet, l'Église chrétienne, impuissante à s'imposer dans cette partie du monde, tentera de ne pas perdre la face : d'une part, en jetant le discrédit sur des pratiques et des croyances tout à coup barbares et primitives alors qu'elle les avait présentées d'abord comme proches de la chrétienté ; d'autre part, en ne divulguant qu'une infime part des récits de ses envoyés. Il faut dire que ceux-ci, audacieux voyageurs, sont unanimes à louer

dans leurs récits l'esprit de tolérance mêlé de curiosité du clergé tibétain qui les autorise à résider dans leur pays et à y fonder des missions.

Desideri et Della Penna ne tardent pas à avoir beaucoup d'estime l'un pour l'autre et, ensemble, se mettent à étudier le tibétain. Leur but est de pouvoir convertir les populations, non pas en ridiculisant mais en réfutant les théories bouddhiques des grands lamas. Tous deux sont alors admis au grand monastère de Sera, à proximité de Lhasa.

Desideri quitte le Tibet en 1721 et, à son retour à Rome, rédige le récit de ses pérégrinations qui ne sera finalement publié qu'en 1904, comme si l'Église avait voulu éviter de révéler trop ouvertement les tensions qui existaient alors entre capucins et jésuites. Son livre sera reconnu, malheureusement très tardivement, comme un remarquable travail d'érudit, de géographe et d'explorateur, contribuant largement à une meilleure connaissance du Tibet et de Lhasa. Il y décrit le mode de fonctionnement du gouvernement mais aussi l'intense activité commerciale régnant à Lhasa, carrefour où se mêlent toutes les cultures et les arts de l'Asie. Il assiste également à l'invasion des Mongols dzungar en 1720

Tandis que des images « adaptées » font florès en Occident (ci-dessus, « combustion du corps d'un lama », fin XVIIIᵉ siècle), certains dessins sont de véritables relevés ethnographiques (ci-dessous et page de droite).

et se trouve être témoin des changements politiques liés à la disparition du 6e dalaï-lama. Della Penna, quant à lui, vivra seize années au Tibet. Pendant ce temps, les Mandchous poussent les moines à se méfier des Occidentaux et les dernières missions fermeront les unes après les autres.

Émissaires et aventuriers

Dans la seconde moitié du XVIIIe siècle, les voyageurs qui succèdent aux missionnaires ont pour but principal de trouver de nouvelles possibilités d'échanges commerciaux. La Compagnie britannique des Indes, particulièrement bien implantée au Bengale, doit favoriser de nouveaux marchés et, pour cela, il lui faut parfois intervenir politiquement. En 1774, le gouverneur des Indes britanniques, Warren

En 1759, l'*Alphabetum Tibetanum* est publié à Rome par la Congrégation de la propagation de la foi qui, en 1703, avait investi les capucins de la mission d'évangéliser le Tibet. Largement basé sur les lettres du capucin Della Penna, ce livre contient des illustrations étonnantes de véracité. Les objets du culte tibétain y sont bien reproduits, en particulier les drapeaux et moulins à prières qui intriguent beaucoup les missionnaires.

Hastings, décide d'envoyer une mission auprès du panchen-lama qui réside au monastère de Tashilunpo, près de Shigatse, pour tenter de négocier de futures relations anglo-tibétaines. George Bogle, jeune Écossais, a donc pour consigne de se rendre à Shigatse et non à Lhasa car, le jeune dalaï-lama n'ayant que 15 ans, le réel pouvoir religieux et politique se trouve entre les mains de ce troisième panchen-lama qui fut un des plus importants personnages de sa lignée. D'abord déçu par la monotonie des paysages, Bogle s'intéresse peu à peu aux hommes. Il se lie d'amitié avec le panchen-lama, étudie la langue et les coutumes du pays, épouse une Tibétaine, mais meurt prématurément en 1780. Si son voyage n'est pas une réussite commerciale, son récit, qui ne sera publié qu'un siècle plus tard, en 1876, contient de précieux détails sur cette période de l'histoire tibétaine.

En 1740, Della Penna retourne au Tibet accompagné de Fra Cassiano da Macerata qui laisse un journal et des croquis d'un grand intérêt historique et ethnographique (ici, procession de moines, Gyantse). La mission des capucins au Tibet s'acheva en 1741 faute de soutien financier et en butte à l'hostilité du clergé bouddhique, moins bien disposé – contrairement au siècle précédent – vis-à-vis des missionnaires.

En 1783, à l'occasion de la reconnaissance du 4e panchen-lama, Hastings envoie une seconde mission, conduite par le capitaine Samuel Turner. Son récit de voyage, publié en 1800, sera pendant plus d'un siècle un ouvrage de référence, qui apporte nombre d'éclaircissements sur les relations entre Tashilunpo, Lhasa et la dynastie mandchoue des Qing.

Une terre interdite

C'est au moment où les empires coloniaux se bâtissent que le gouvernement tibétain décide en 1810 de fermer le Tibet et Lhasa aux étrangers. Les Tibétains sont encouragés dans cette politique par les Mandchous régnant en Chine, qui y voient un moyen de protéger leur relation avec le Tibet contre toute influence étrangère ; et plus tard, par les Britanniques qui veulent, entre autres, établir des relations commerciales avec le Tibet et y empêcher toute ingérence russe. C'est ainsi qu'en ce début de XIXe siècle, le Tibet devient une terre interdite et, dans l'imaginaire des Occidentaux, un fruit défendu de plus en plus tentant.

Trois voyageurs pourtant réussiront, au cours de ce siècle, à traverser le Tibet et à séjourner sans trop de difficultés dans la « Ville Interdite ». C'est peut-être parce qu'il est médecin que Thomas Manning peut escorter un général chinois qu'il rencontre en 1811 à la frontière himalayenne. Son but semble avoir été, avant tout, la Chine pour laquelle il éprouve une véritable passion. Sa description du Tibet et de Lhasa est

Si le Tibet de l'Est (Kham et Amdo) est relativement aisé d'accès – de nombreux Occidentaux l'explorent et y séjournent au XIXe et au début du XXe siècle –, le Tibet central devient hors limites. Toutefois, les pères Huc et Gabet (page de droite, en bas, déguisés en lamas chinois [!], 1852) atteignent Lhasa en 1846. Huc décrit Lhasa, ses moines et ses mendiants pèlerins (ci-dessus peinture, Olfield, 1852).

plutôt négative : le climat est inclément, le pays très sale et entièrement sous le contrôle des Chinois, êtres extrêmement civilisés comparés aux Tibétains. « Si le palais est plus important que ce que j'avais imaginé, la ville, jusque-là me déçoit. Il n'y a dans son apparence rien de frappant, rien de plaisant… En bref, tout est minable, sordide, avec quelque chose d'irréel. » Premier Britannique à se rendre à Lhasa, son journal est publié en 1876.

C'est en 1846 que les deux pères lazaristes français, Évariste Huc et Joseph Gabet, atteignent Lhasa, après presque deux ans de voyage éprouvant, à travers la Chine, le désert de Gobi, la Mongolie et le Tibet du Nord-Est. Leur but premier est la conversion des Mongols mais, au fur et à mesure de leur progression, ils ressentent, au hasard des rencontres, l'attraction pour la ville sainte. Ils profiteront de la rencontre inespérée avec la caravane des envoyés du dalaï-lama, qui rentrent de la cour de Beijing, pour se joindre à eux. Le 29 janvier 1846, ils pénètrent dans Lhasa. Huc et Gabet, s'ils sont missionnaires, savent aussi observer. Leur apport, concernant

En 1791, les Gurkha du Népal envahissent à nouveau le Tibet et pillent le monastère de Tashilunpo à Shigatse (ci-dessus, mausolée à Tashilunpo, S. Davis, 1783). La réaction de la dynastie Qing est vive et, sous prétexte de protéger Lhasa des « expansionnistes anglais » accusés d'être à l'origine de l'invasion, pousse à l'interdiction de l'entrée des Occidentaux au Tibet central.

De nombreux Occidentaux parcourent les marches tibétaines pour des motifs divers. Au début du XIXe siècle, un Hongrois, Csoma de Körös, le premier tibétologue, passe des années à étudier le tibétain au Zangskar et au Kinnaur dans l'Himalaya. En 1890, Henri d'Orléans et son compagnon Gabriel Bonvalot veulent prouver que Huc et Gabet sont bien allés au Tibet car les pères, morts depuis, sont en butte aux soupçons ; les explorateurs sont arrêtés non loin de Lhasa. Le prince d'Orléans rapportera toutefois du Tibet un véritable reportage photographique (ci-dessus, femmes aux multiples nattes, Amdo, 1890).

la culture tibétaine, est précis et inestimable ; ils insistent notamment sur l'activité qui règne dans le centre de Lhasa, ainsi que sur la diversité des ethnies rencontrées. Au fur et à mesure de leur récit, les deux pères dissimulent de moins en moins leur aversion pour les Chinois et leur sympathie pour les Mongols et les Tibétains, qui les acceptent très bien. N'ayant jamais caché leur statut d'étrangers, ils seront finalement expulsés de Lhasa et mettront plus de trois mois pour retraverser le Tibet oriental. À peine publié, leur récit obtient un franc succès. Et lorsque, en 1890, le prince Henri d'Orléans part pour l'Asie, décidé à entrer au Tibet, il rend hommage au père Huc : « Partout et toujours, nous avons été surpris par l'exactitude des descriptions du missionnaire français [...]. » Après ces visites non souhaitées, Mandchous et Tibétains décident la fermeture totale du pays aux étrangers.

« Le Grand Jeu »

La seconde moitié du XIXe siècle est une époque de concurrence féroce des Russes et des Britanniques pour le contrôle de l'Asie centrale et du Tibet. Parmi les Russes, le plus déterminé est le colonel Nikolai Prejevalsky, de l'armée impériale, qui mène une expédition dans le nord du Tibet en 1872. En 1879, il organise une expédition à travers la Mongolie et le Tibet du Nord pour atteindre Lhasa mais il est arrêté à 250 km au nord de la capitale. Il mourra en 1883 au bord du lac Issik Kol, dans les monts Tien Shan, à nouveau sur le chemin de Lhasa.

Les Britanniques, de leur côté, mettent sur pied une opération de « cartographie clandestine ». Ils apprennent à des agents indiens, qui partent au Tibet déguisés en pèlerins, à faire des relevés topographiques. De 1865 à la fin des années 1880, tous ces *pandit*, dont les plus célèbres sont Nain Singh, Kishen Singh et l'héroïque Kintup, rapportent, au péril de leur vie, un grand nombre d'informations scientifiques aux Britanniques. Quant au *pandit* Sarat Chandra Das, immortalisé dans *Kim* de Rudyard Kipling sous le nom de Mookerjee, il se rendit au Tibet central en 1879-1881 et rédigea un dictionnaire tibétain-anglais qui est encore aujourd'hui une référence.

Tous ceux qui sont épris d'aventure mettent sur pied les plus folles entreprises pour atteindre le Tibet central et sa capitale interdite. La plupart d'entre eux n'y parvinrent jamais, souvent arrêtés à Nagchuka, la porte d'entrée du Tibet central à 300 km au nord de Lhasa, aux postes

Né à Chittagong (alors en Inde), Sarat Chandra Das (ci-contre sur un yak, 1881) est à la fois un savant et un espion des Britanniques au Tibet. Ceux-ci sont de plus en plus préoccupés de l'influence supposée de l'empire russe sur ce pays, surtout lorsqu'ils apprennent en 1901 la mission de bons offices de Dordjieff (ci-dessus), moine bouddhiste d'origine bouriate, entre le tsar Nicolas II et Lhasa où il s'est rendu dès 1880 pour ses études. Accusé d'être une éminence grise à la solde de l'empire russe auprès du 13e dalaï-lama, Dordjieff sera une des causes de l'expédition britannique de 1904.

de garde du Tibet oriental, ou par les sentinelles britanniques sur les contreforts de l'Himalaya. Presque toutes ces tentatives se soldent par un échec ; c'est le cas de la missionnaire anglaise Annie Taylor ou du gentleman anglais Savage Landor, fait prisonnier en 1897 au Tibet du Sud. Vraisemblablement, deux d'entre elles connaissent même une fin tragique au Tibet de l'Est : l'expédition française Dutreuil de Rhins, en 1893, et celle du missionnaire Petrus Rijnhart accompagné de sa femme Susie et de leur bébé Charlie, en 1898. Seule sa femme survivra à l'aventure.

Un officiel de Lhasa (à gauche) est venu avec l'abbé de Tashilunpo dans le sud du Tibet parlementer avec la mission Younghusband qui menace Shigatse et Lhasa. Un serviteur se tient derrière le lama près d'un petit autel où sont placés aiguières et gâteaux sacrificiels. Des tasses de thé sont posées sur les tables basses. Le thé est la

« La nostalgie aiguë de tout ce qu'ils ont vu »

Inquiets de ce qu'ils ressentent comme des vues hégémoniques des Russes, les Britanniques lancent en 1904 contre le Tibet une expédition britannique commandée par le colonel Francis Younghusband. Elle entraîne la mort d'un millier de Tibétains et lorsque l'armée britannique pénètre à Lhasa, le 13e dalaï-lama s'est enfui vers la Mongolie. Perceval

boisson indispensable. Elle est servie et bue avec cérémonie et on en sert même à ses ennemis (photo White 1903).

Landon, un journaliste correspondant du *Times* qui accompagne la mission, observe la société tibétaine, en rapporte croquis et photographies : « J'ai dit et pensé bien du mal du lamaïsme ; mais la vue du Potala renverse tous les préjugés que le lamaïsme fait concevoir. Le lamaïsme peut être un instrument d'oppression ; mais ses victimes, quand elles ont vu le Potala, ne protestent pas. Le lamaïsme a élevé un monument qui dépasse infiniment tout le roman et toute la poésie dont ses mystères l'avaient depuis longtemps entouré à nos yeux [...] » Tous ces hommes partis à la conquête du Tibet vont peu à peu se laisser conquérir par le pays, à commencer par les colonels Waddell et Younghusband qui, plus que sceptiques à leur arrivée, vont être emportés par le même lyrisme. L.A. Waddell, médecin-chef de l'expédition et presbytérien écossais convaincu, écrit : « Imprégnée de la poésie des siècles, Lhasa, citadelle secrète de l'"'immortel" Grand Lama, s'est dressée sur le Toit du monde entourée des voiles d'un mystère impénétrable, attirant nos voyageurs les plus aventureux en les défiant toutefois de franchir ses portes fermées. » Younghusband quitte même Lhasa avec ces pensées qui changeront le cours de son existence : « Je fus insensiblement envahi par une sorte d'exaltation délicieuse, par une immense bonne volonté... Jamais plus je ne pourrais avoir de pensées mauvaises, jamais plus être l'ennemi d'un autre être humain... »

En 1907, puis en 1909-1910, l'explorateur tibétologue français Jacques Bacot traverse le Tibet oriental, à l'époque sous contrôle mandchou. Son regard est celui d'un ethnologue et son récit

Les camps rythment la vie de voyageur au Tibet. Les habitations sont rares et il faut faire pâturer les bêtes. Eau et, si possible, bois comme ici au Kham (photo J. Bacot, vallée du Yalong, 1909), sont nécessaires. Dès l'arrivée à l'étape, mules et yaks sont débâtés et un feu est allumé pour préparer le thé et les repas, pour se réchauffer et éloigner les bêtes sauvages. Tous les Occidentaux transportent la nourriture et autres effets avec eux. Certains d'entre eux voyageaient avec style. À Noël 1903, les membres de l'expédition Younghusband se plaignent que le champagne est imbuvable à −40°.

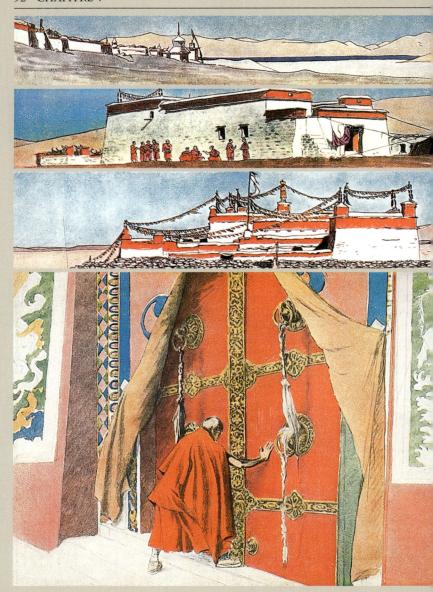

« Je me réjouissais de
penser que j'étais le
premier Européen à
errer dans la solitude
de ces montagnes où
les seuls sentiers
étaient ceux qu'avaient
tracés les yaks, les ânes
sauvages et les
antilopes… »
Ces propos sont ceux
de Sven Hedin (1865-
1952), le célèbre
explorateur suédois qui
parcourt tout l'ouest
du Tibet entre 1906 et
1909 et y accomplit un
travail extraordinaire
de cartographie
et d'orographie :
il découvre et nomme
la chaîne du
Transhimalaya et les
sources de l'Indus,
du Brahmapoutre et
de la Sutlej, non loin de
la montagne sacrée du
Kailash. Dessinateur
et peintre, il sature de
couleurs les paysages,
villages, temples et
personnages comme
ces femmes du Tibet
de l'Ouest en coiffe
de fête (ci-contre),
un moine poussant
la porte d'un mausolée
à Tashilunpo (page de
gauche, en bas) ou des
petits monastères non
loin du fleuve Tsangpo
(page de gauche, en
haut). Ce géographe,
qui connaît à la fin
de sa vie l'hostilité
de ses compatriotes et
collègues à cause de
ses sympathies nazies,
laisse des livres et des
cartes remarquables.

témoigne des désastres causés par la guerre entre Chinois et Tibétains. Le poète Victor Segalen, qui séjourne en Chine à la même période que son ami Bacot, subit la fascination du Tibet de

En 1924, à 56 ans, après des tentatives infructueuses, Alexandra

First White Woman to Enter For

manière complètement mystique. Ne parvenant pas à y pénétrer, il lui dédie un recueil de poèmes, véritable hymne exalté : « Lha-sa, tes toits sont d'or, ô Lha-sa et cependant c'est dit, fini, c'est conclu, chanté et joué, trop loin… trop tard, Lha-sa, je n'irai pas à Lha-sa ! »

De rares visites d'Occidentaux

Après la chute de l'empire mandchou en 1911, le 13e dalaï-lama proclame en 1912 l'indépendance du Tibet, statut non reconnu par le gouvernement de la Chine républicaine. Les seuls Occidentaux susceptibles de voyager légalement au Tibet central en ce début de siècle sont les représentants

David-Néel (page de droite) atteint Lhasa, but d'une marche harassante de milliers de kilomètres. Déguisée en mendiante, elle est la première Européenne à pénétrer à Lhasa. Elle aussi succombe au charme du Tibet : « Je reste ensorcelée… J'ai été au bord d'un mystère… Oui, je vais en rêver longtemps, toute ma vie et un lien restera entre moi et cette contrée des nuages et des neiges. »

britanniques en poste au Sikkim. Parmi ceux-ci, David MacDonald et sir Charles Bell, seuls étrangers admis à Lhasa en 1921, deviennent de fins observateurs de la culture du Tibet, qu'à travers leurs publications ils rendent enfin accessible aux Européens. En 1927, c'est une Française, Alexandra David-Néel, qui obtient en Europe et aux États-Unis un succès retentissant en publiant *Voyage d'une Parisienne à Lhasa*. Elle contribua à populariser en Occident une certaine image du Tibet en dehors du cercle restreint des orientalistes et des diplomates.

D'autres représentants britanniques feront des visites rapides au Tibet mais un seul, Hugh Richardson, demeurera huit ans à Lhasa, de 1936 à 1940 et de 1946 à 1950. Excellent photographe, fin connaisseur de la société et de l'histoire tibétaines, il devient, à sa retraite de la diplomatie, un tibétologue éminent et un farouche partisan de l'indépendance du Tibet. Deux autres Britanniques furent employés comme opérateurs radio, Reg Fox arrivé à Lhasa dès 1937, marié à une Tibétaine, et Robert Ford. En 1950, ce dernier assista, désespéré, à la prise par l'armée chinoise de Chamdo, ville de l'Est du Tibet commandant la route du Tibet central et de Lhasa. Capturé, il passera cinq ans pour espionnage dans les geôles chinoises.

Quelques Occidentaux non britanniques parviennent à franchir le mur des permis et font des séjours de quelques semaines ou quelques mois au Tibet. Au début des années 1930, le naturaliste américain Brooke Dolan fait deux missions au Tibet de l'Est, en compagnie du jeune zoologue allemand Ernst Schäffer. En 1938-1939, Schäffer se rend au Tibet central, cette fois avec une équipe de scientifiques tous enrôlés dans les SS, et financés par Himmler.

❝La ville est sans grand intérêt. Je suis rassasiée des visites aux lamaseries ; j'en ai tant vu ! [...] Le palais du dalaï-lama [...] n'a rien de très particulier [à gauche, photo de Richardson]. En ville, les boutiquiers, en fait d'objets exotiques, étalent des piles de casseroles en aluminium.❞
Alexandra David-Néel, lettre à son mari

La Seconde Guerre mondiale voit la première mission américaine officielle au Tibet (ci-contre, la mission Tolstoy entre le haut Yangzi et le haut Mékong, 1942). Les Cutting, riches financiers de New York ayant des liens avec les 13e et 14e dalaï-lamas, avaient toutefois déjà visité Lhasa en 1935 et 1937. Depuis le début du siècle, une poignée de missionnaires américains vivent aussi en Amdo et au Kham au Tibet de l'Est, où ils ont établi des petites écoles ou des dispensaires.

Ce dernier est fasciné par le Tibet ; il veut prouver l'existence du pays de Shambhala et que le Tibet est un conservatoire des origines de l'humanité. L'expédition rapporte un film, photographie 2 000 Tibétains et prend les mesures anthropométriques de 376 personnes ainsi que des moulages de têtes.

Brooke Dolan se rend à son tour au Tibet central à partir du Sikkim pendant la guerre, en 1942. Il est alors lieutenant des OSS (ancêtre de la CIA) et est accompagné d'un capitaine des OSS, Ilya Tolstoy, le petit-fils de l'écrivain russe. C'est la première mission américaine au Tibet. Leur tâche officielle aurait été de négocier avec le gouvernement tibétain la permission de faire voler des avions de matériel de guerre au-dessus du Tibet. En fait, il s'agit de voir s'il serait possible de construire une route à travers le Tibet. Les deux officiers restent plusieurs mois à Lhasa et repartent vers la Chine à la fin de l'hiver 1942-1943, via le nord-est du Tibet.

Le grand tibétologue italien Giuseppe Tucci, accompagné du photographe Petro Mele et du jeune Fosco Maraini, parvient à faire huit expéditions scientifiques au Tibet entre 1933 et 1948, année où il parvint à Lhasa avec l'autorisation du gouvernement tibétain. Les Italiens précèdent à Tsaparang et Tholing, au Tibet de l'Ouest, le lama Anagarika Govinda, bouddhiste d'origine allemande, et sa femme Li Gotami qui s'y rendent en 1947-1948. Tous rapportent les témoignages photographiques inestimables de temples, peintures et statues aujourd'hui détruits. Le grand public découvre la vie quotidienne à Lhasa au milieu

du XXᵉ siècle, à travers l'aventure de deux alpinistes autrichiens, Henrich Harrer et Peter Aufschnaiter. Évadés d'un camp de prisonniers en Inde, ils franchiront la barrière himalayenne et après des mois d'errance sur les hauts plateaux parviennent en 1946 à Lhasa. Le 14ᵉ et toujours actuel dalaï-lama est alors un jeune adolescent extrêmement curieux du monde et les deux hommes gagnent sa confiance. Le livre de Harrer, *Sept ans d'aventures au Tibet*, publié dans le monde entier à partir des années 1950, deviendra un film à succès en 1994.

Touristes, étudiants, les « années tolérantes »

À partir de 1951 et de l'invasion chinoise ou « la libération pacifique », le rideau de bambou tombe sur le Tibet, plus que jamais inaccessible, excepté pour quelques émissaires de « pays frères », dont les écrits entrent dans la ligne du Parti communiste. La Révolution culturelle accroît encore cet isolement du pays et les gardes rouges détruisent en toute impunité.

En été 1939, au monastère de Kumbum en Amdo, une caravane (ci-dessous) est prête à accompagner à Lhasa le tout jeune 14ᵉ dalaï-lama. Il se souvient dans ses *Mémoires* : « Lorsque la caravane se mit en route, elle comptait en gros une cinquantaine de personnes ainsi que trois cent cinquante chevaux et mulets [...]. [Nous] voyagions dans un véhicule soutenu par deux perches et porté par des mulets. Lorsque nous abordions une piste dangereuse, les membres de la mission de recherche, chacun à son tour, nous transportaient sur leurs épaules ». Le voyage jusqu'à Lhasa dure trois mois.

En 1981, la Région autonome du Tibet (Xizang en chinois), fondée en 1965 et correspondant au Tibet central et de l'Ouest, s'ouvre à nouveau sous la férule de la Chine qui a compris que le Tibet possédait un potentiel touristique et donc financier non négligeable. Les groupes de touristes sont encouragés et de nombreux individuels voyagent dans des conditions éprouvantes. Un libéralisme encadré se fait jour grâce aux efforts de Hu Yaobang, vite déposé par le Parti, et du 10e panchen-lama mort en 1989. Ce sont « les années tolérantes ».

L'Europe de la seconde moitié du XIXe siècle connaît un engouement pour le spiritisme qui se cristallise autour du mot Tibet. Les théosophes, inspirés par Helena Blavatsky et Georgei Gurdjieff, sont persuadés que cette terre possède des « clés » et Evans-Wentz, le premier traducteur du *Livre tibétain*

Les manifestations pour l'indépendance du Tibet à Lhasa en 1987, 1988 et 1989 conduisent à des émeutes réprimées dans le sang et Hu Jintao, alors chef du Parti communiste au Tibet instaure la loi martiale en mars 1989. Il devient à nouveau de plus en plus difficile de voyager au Tibet sinon en groupes bien encadrés et au prix fort. Toutefois, malgré des conditions politiques peu accueillantes, les touristes occidentaux se pressent au Tibet qui s'équipe rapidement d'infrastructures pour les recevoir, y compris de liaisons aériennes. En 2000, 132 000 touristes étrangers visitent le pays.

des morts (1925), est théosophe. Le roman de James Hilton, *Horizon perdu* (1933), dont Capra tire un film en 1937 (ci-dessus, l'une des affiches) est influencé par ces idées et décrit un pays béni et caché au cœur de l'Himalaya, Shangrila. De nos jours, les Chinois ont appelé Shangrila une vallée de l'Est du Tibet.

Au nom de l'évangélisation

Parmi les étrangers, se glissent de nouveaux missionnaires, essentiellement évangélistes. Pour ces groupes basés aux États-Unis ou à Hong-Kong, le Tibet et le Bhoutan sont « la dernière frontière », les derniers bastions rebelles à l'évangélisation. Même si, à la fin du XIXᵉ et au début du XXᵉ siècle, des missions catholiques et protestantes étaient installées au Tibet de l'Est, y compris les pères des missions étrangères aux confins du Tibet et du Yunnan, le nombre de convertis tibétains était négligeable. Le gouvernement chinois, qui recrute à partir de 1986 des professeurs d'anglais, va donner à ces missionnaires une opportunité en or, et nombre de ces « professeurs » arriveront avec des bibles dans leurs sacs. De même, depuis le milieu des années 1990, l'Université du Tibet propose des cours de tibétain aux étrangers. Certains de ces étudiants américains et coréens sont en fait de jeunes évangélistes. La Chine ferme les yeux sur leurs activités. En effet, pour le gouvernement, tout ce qui peut écarter les Tibétains de l'influence bouddhique est positif, mais ceux-ci ne semblent guère désireux d'être « convertis ».

Parallèlement, se produit en Occident un engouement pour le bouddhisme tibétain – propagé par les maîtres tibétains arrivés en exil dans les années 1950 – et un intérêt accru pour la culture tibétaine, porté par la figure charismatique du 14ᵉ dalaï-lama, prix Nobel de la Paix en 1989. La « mode » du Tibet est relayée par les médias, les stars du cinéma, la publicité. Le courant *New Age* se réapproprie des valeurs du bouddhisme tibétain. Mais les réalités historiques et politiques sont occultées au profit d'un angélisme religieux et du commerce international. Encore une fois, comme au temps d'Hérodote, l'Occident ne voit du Tibet que ce qui nourrit ses fantasmes du moment, et il reste « prisonnier de l'image de Shangrila », la vallée tibétaine inventée en 1933 par James Hilton dans son livre *Horizon perdu*.

Nombreux sont les artistes à avoir été fascinés par le Tibet et ses mythes. Les films *Sept ans d'aventures au Tibet* (1997) et *Kundun* (1997) trouvent un vaste public. La bande dessinée *Tintin au Tibet* (1960) reste l'un des livres les plus populaires. C'est un ouvrage très documenté, même s'il reprend quelques clichés comme ce moine lévitant. Paru dans sa version chinoise sous le titre « Tintin au Tibet chinois » en 2001, l'album a été retiré de la vente, avant d'être récemment réintroduit

sur le marché, cette fois sous son titre original. Depuis la fin des années 1970, un autre dessinateur, Cosey, dénonce à travers son héros Jonathan la présence chinoise.

« À moins que nous ne réussissions à sauvegarder notre pays, le temps arrivera où le dalaï-lama et le panchen-lama […] seront écrasés et n'auront plus de nom. Les monastères et les moines, les nonnes, leurs terres et autres propriétés seront détruits […]. Les officiels d'État, ecclésiastiques et laïcs, verront leurs terres et autres propriétés confisquées. Eux-mêmes devront servir leurs ennemis, ou erreront à travers le pays comme des mendiants. Tous les êtres vivront difficilement et dans une crainte totale ; les jours et les nuits passeront lentement dans les souffrances. »

Testament du 13ᵉ dalaï-lama, 1931

CHAPITRE 5

INVASION ET COLONISATION, LE TIBET AUJOURD'HUI

Des soldats, le drapeau chinois devant le Potala (page de gauche) ; des statues détruites (ci-contre) : les mots du 13ᵉ dalaï-lama résonnent comme une prophétie.

En 1947, le gouvernement tibétain avait envoyé une mission commerciale en Occident. Les États-Unis et la Grande-Bretagne apposent des visas sur les passeports tibétains, reconnaissant ainsi l'indépendance du Tibet. En juillet 1949, devant l'imminence de la prise de pouvoir communiste en Chine, le gouvernement tibétain expulse tous les Chinois, y compris les commerçants. Mais pour le nouveau gouvernement chinois, le Tibet fait partie intégrante de la Chine et la radio chinoise déclare que le Tibet doit être « libéré du joug impérialiste britannique ». Isolé par sa propre politique étrangère qui dure depuis deux siècles, le Tibet ne reçoit aucun soutien de l'Occident, pas même de la Grande-Bretagne. De plus, l'URSS s'aligne avec la Chine, et l'Inde reconnaît la RPC et sa suzeraineté sur le Tibet.

La libération du Tibet ?

De cette triste période se dégage l'impression que le dalaï-lama et le panchen-lama, deux adolescents ignorant tout du monde moderne et de la politique, sont manipulés par leur entourage respectif qui recherche avant tout la pérennité de ses avantages.

En octobre 1951, des milliers de soldats de l'Armée populaire de libération (APL) entrent dans Lhasa, à partir du Sichuan et du Qinghai. Ils viennent de parcourir 3 000 kilomètres, ponctués de combats dans un pays inhospitalier. Galvanisés par Mao, ils sont persuadés de libérer « pacifiquement » un pays du « joug impérialiste » et un peuple de la servitude pour qu'il rejoigne la « mère-patrie ». Le problème des Chinois à Lhasa n'est pas la résistance des Tibétains, mais la logistique : loger et nourrir des milliers de soldats. Ceux-ci sont d'ailleurs disciplinés et suscitent l'admiration des habitants.

En effet, le très jeune 10e panchen-lama (né au Qinghai en 1938) ou plutôt son entourage, croyant pouvoir bénéficier de la situation au profit du dalaï-lama et de la cour à Lhasa, envoie un message à la Chine pour lui demander d'envoyer l'Armée populaire de libération (APL).

Le 1er janvier 1950, Radio Beijing annonce que l'APL va libérer le Tibet. À Lhasa, l'inquiétude finit par croître mais le danger est sous-estimé. Les troupes sont renforcées sur les frontières du Tibet de l'Est. L'APL envahit tout le Kham et arrive jusqu'au fleuve Yangzi, mais le gouvernement tibétain est dans l'incapacité physique de réagir : manque de troupes entraînées, scission anti et pro-chinoise au sein de la hiérarchie monastique et des nobles. Le 7 octobre 1950, 40 000 soldats de l'APL, sur ordre de Deng Xiaoping, alors commissaire politique de l'armée au Sichuan, franchissent le fleuve. Commandée par Ngapo Ngawang Jigme, Chamdo, la grande ville de l'Est, capitule le 17 octobre, après une résistance de trois semaines. Huit mille soldats tibétains sont tués. La route du Tibet central est ouverte. Certes, l'Inde proteste mais les pays occidentaux abandonnent le Tibet à son sort, plus préoccupés par la situation en Corée. Le Salvador porte le cas du Tibet devant l'ONU en novembre 1950 – sans succès. Le Tibet est une affaire intérieure de la Chine, leitmotiv qui revient maintenant depuis cinquante ans.

Les photos de propagande de 1950-1951 montrent des Tibétains accueillant avec enthousiasme l'armée chinoise. Ici, à Kanding (Dartsedo/ Tatsienlu), au Kham, une délégation de femmes portant fleurs et banderoles souhaite la bienvenue à l'Armée populaire de libération. Pour séduire la population, l'APL a des consignes strictes : pas d'occupation de maison sans autorisation des habitants ; ne tuer ni oiseaux ni poissons ; respecter les coutumes et tous les objets religieux ; pas de personnel féminin dans les monastères. L'effort de propagande s'exerce aussi vis-à-vis des nobles et du clergé. Les instructions de Mao sont « de faire tous les efforts possibles par tous les moyens appropriés pour se concilier le dalaï-lama et une majorité des couches supérieures, ainsi que d'isoler la minorité d'éléments mauvais afin d'atteindre à long terme le but qui est de transformer l'économie et la politique tibétaines, graduellement et sans verser de sang ».

Pendant ce temps, à Lhasa, le dalaï-lama, âgé de 15 ans seulement, est intronisé chef de l'État. Ngapo, devenu vice-président du Comité de libération, appelle le gouvernement tibétain à négocier avec la Chine. C'est une parodie de compromis. Il était impossible pour les Tibétains de s'opposer à l'APL, et les Chinois ne désiraient négocier que pour se justifier vis-à-vis des Tibétains et de l'opinion internationale. Une délégation tibétaine de haut niveau, dirigée par Nagpo, est envoyée à Beijing en avril 1951. Le texte de l'accord est prêt, aucune négociation n'est possible. Après des tergiversations et contre son gré, la délégation tibétaine signe l'« Accord en 17 points » le 23 mai 1951 et livre le Tibet à la Chine. Le 1er article dit que le peuple tibétain retournera dans la famille de la mère-patrie, la République populaire de Chine. C'est un article clair et contradictoire : clair car il annonce que le Tibet devient une province de la Chine ; contradictoire car il sous-entend que le Tibet n'était en fait pas une partie de la Chine.

La mise en œuvre d'une politique

À l'automne 1951, l'APL pénètre au Tibet central, venant à la fois de l'Est et du Nord-Est :

Mao invite le 10e panchen-lama (à la droite de Mao) et le 14e dalaï-lama (à sa gauche) à faire une visite officielle en Chine et les reçoit à Beijing en 1954 (ci-dessus). Le jeune dalaï-lama est d'abord séduit par les paroles doucereuses de Mao et son intérêt apparent pour le Tibet : « Il a été constamment gentil avec moi. J'avais par conséquent une sorte de respect envers lui, un authentique respect ». Lors de leur dernière rencontre, Mao jette le masque et lui dit : « Je comprends parfaitement votre point de vue mais, croyez-moi, la religion c'est un poison. Elle a deux défauts : elle démolit une race et elle ralentit les progrès d'un pays. »

« Le 26 octobre, l'armée populaire de libération a marché à l'intérieur du Tibet et le peuple tibétain a été libéré de l'agression impérialiste et est retourné dans la grande famille de la République populaire de Chine » (Agence Chine nouvelle/Xinhua). Lorsque l'APL atteint Lhasa, elle défile en bon ordre, avec drapeaux rouges et portraits de Mao, devant une population inquiète et ébahie qui ne comprend pas toute la portée de l'événement. En quelques mois, 20 000 soldats chinois sont stationnés à Lhasa, la moitié de sa population de l'époque !

Pendant quelques années, les Chinois se comportent avec décence, et font des cadeaux aux nobles dont beaucoup se rangent à leurs côtés. Écoles et hôpitaux sont prévus. Dans le même temps, des garnisons de l'APL s'installent dans tout le Tibet, le cadenassant. Des routes reliant le Tibet à la Chine, achevées en 1954, facilitent le transport des troupes.

Parallèlement, en 1954, le dalaï-lama et le panchen-lama sont invités à Beijing, où ils sont reçus en grande pompe par Zhou Enlaï et Mao Zedong. Le dalaï-lama adolescent sera presque charmé par Mao qui lui tient des propos lénifiants sur la religion, jusqu'à leur dernière rencontre où Mao lui déclare que la religion est un poison. Sur le chemin du retour en 1955, le dalaï-lama constate l'emprise chinoise sur sa province natale, l'Amdo. Loin de Lhasa, les réformes communistes ont bel et bien été commencées ; les monastères ont été vidés peu à peu et les Tibétains réalisent qu'ils n'ont aucun pouvoir de décision. En 1956, est créée la « commission préparatoire de la Région

Le culte de la personnalité touche le Tibet où il est adapté aux coutumes locales. Ainsi un moine du Tibet de l'Est place-t-il Mao au milieu de deux grands lamas de l'école *gelugpa* dans un décor de temple-cité interdite surmonté par les drapeaux chinois (ci-dessous).

autonome du Tibet », avec pour secrétaire le
général Ngapo, qui aboutira en septembre 1965
à la création de la Région autonome du Tibet.
Le dalaï-lama en est le président mais n'est
qu'une marionnette. Le pouvoir est maintenant
aux mains du comité du Parti communiste.

Insurrection et fuite du dalaï-lama

Excédés par les réformes chinoises, par les
attaques contre la religion et par la nécessité
de nourrir les troupes, les Tibétains de l'Amdo
et du Kham se rebellent en 1955. Ces
populations, souvent divisées dans le passé,
s'unissent contre l'envahisseur. Même les
moines prennent les armes. Une guérilla

meurtrière pour les Chinois se propage. C'est alors
que les États-Unis, furieux du rôle de la Chine en
Corée, s'intéressent à nouveau au Tibet. La CIA met
sur pied une opération secrète de formation aux
États-Unis et de livraison d'armes et de matériel
radio à la guérilla de l'Est. Cette opération ne
cessera officiellement qu'en 1971, lorsque Kissinger
se rendra à Beijing afin de commencer la
normalisation des relations sino-américaines.
En 1956, Beijing envoie 150 000 hommes dans le
Kham, appuyés par des bombardements aériens.

Le drapeau tibétain
devient le symbole
de la résistance et du
Tibet libre (en haut).
La résistance est aussi
le fait des moines.
Ils doivent rendre
les armes après
l'insurrection de 1959
à Lhasa (la photo
ci-dessus est
probablement une
reconstitution).

La résistance tibétaine est décimée par ces « boules de feu » tombées du ciel, et l'armée chinoise reprend dans le sang le contrôle du Kham : les exactions contre le clergé en particulier sont effroyables, des villages entiers sont rasés.

Aucun Tibétain à Lhasa ne veut ou ne peut se rendre compte de la situation. Les nouvelles ne parviennent pas à l'étranger non plus. Et c'est endoctriné par les Chinois que le dalaï-lama est autorisé à se rendre en Inde en 1956 pour les célébrations du 2 500ᵉ anniversaire de la naissance du Bouddha. Nehru le rencontre mais ne lui donne aucun espoir, aucun appui, sinon de coopérer avec les Chinois. Le dalaï-lama rentrera à Lhasa alors que les rumeurs d'une rébellion généralisée au Tibet

Aucune photo de l'insurrection de Lhasa n'est disponible. D'une part, aucun journaliste étranger n'était présent ; d'autre part, les Chinois ne voulaient sans doute pas montrer que le peuple tibétain se révoltait alors qu'il était censé être reconnaissant de sa « libération ». En revanche, de rares photos de la reddition existent car elles prouvent que « les éléments nuisibles de la société féodale » sont

central se font insistantes. En 1958, les tensions sont d'autant plus vives que les Tibétains de l'Est arrivent par milliers à Lhasa avec des nouvelles désastreuses.

Le 10 mars 1959, une étrange invitation faite par les autorités chinoises au dalaï-lama – il doit venir seul dans le camp chinois pour une représentation théâtrale – précipite les événements. Devant son refus d'accepter leur invitation, les Chinois décident de le « libérer des forces réactionnaires ». Informé, le dalaï-lama s'enfuit avec son entourage et une escorte de guerriers khampa dans la nuit du 16 au

vaincus. Sur fond de Potala, une file d'hommes avance les mains en l'air. Leurs vêtements laissent penser qu'il s'agit de nobles. Or le peuple – dont beaucoup de femmes – avait pris part aux combats. Cette photo est-elle une reconstitution à usage de propagande ?

17 mars 1959. Il arrive le 30 mars en Inde, où Nehru lui donne l'asile politique. Les Chinois n'apprennent pas tout de suite cette fuite et sont désarçonnés par l'ampleur de l'insurrection. Du 20 au 22 mars 1959, Lhasa s'embrase et les combats sont d'autant plus meurtriers et inégaux que les chars sont en action. De nombreux Tibétains sont tués (de 2 000 à 10 000 selon les estimations) et 4 000 sont faits prisonniers. Devant la violence de la répression, entre 1959 et 1960, au moins 80 000 Tibétains s'échappent en Inde, suivant le dalaï-lama, ou au Népal. Démunis, affaiblis et inadaptés au climat indien, de nombreux mourront de tuberculose et de diarrhées dans les camps établis par le Haut commissariat aux réfugiés (HCR) et le gouvernement indien.

Habillé en laïc, le dalaï-lama s'enfuit de Lhasa à cheval avec une centaine de proches et quatre cents résistants. Les Chinois ne découvrent sa fuite que 48 heures après son départ et, entre-temps, bombardent le Norbulingka où ils pensent que le dalaï-lama se trouve toujours. Pendant quinze jours, les fugitifs traversent les montagnes du Tibet du Sud jusqu'à Tawang, en Inde.

L'exil

Le Tibet fait soudain les gros titres des journaux occidentaux. Le dalaï-lama dénonce immédiatement lors d'une conférence de presse « l'Accord en 17 points » signé sous la contrainte. L'ONU passe une résolution condamnant la politique chinoise au Tibet. Le gouvernement indien porte assistance aux Tibétains et attribue au dalaï-lama l'ancienne bourgade coloniale de McLeod Ganj, au-dessus de

‟Le passage de la frontière s'effectua sans difficulté, et c'est malade, épuisé et malheureux au-delà de tout ce que je pourrais exprimer que je traversai une région sauvage et déserte.**”**
14e dalaï-lama

Dharamsala. En 1960, le gouvernement en exil est constitué et les Tibétains commencent à s'organiser avec l'aide indienne et internationale. Structures administratives, villages d'enfants, monastères, bibliothèques et archives : petit à petit, au fil des ans et des soutiens financiers, un Tibet en exil se crée. Et après quarante-cinq ans de férule chinoise du Tibet, des Tibétains continuent à franchir l'Himalaya au péril de leur vie.

« Réformes démocratiques et masses laborieuses »

Au Tibet, depuis 1959, la culture tibétaine subit de nombreuses tentatives de destruction. Les années qui ont suivi la fuite du dalaï-lama sont terribles. Représailles sanglantes sur la population,

Nehru, Premier ministre indien, accorde l'asile au dalaï-lama et aux réfugiés tibétains, mais ce geste place l'Inde dans une situation délicate vis-à-vis de la Chine, qui l'accuse « d'impérialisme et d'expansionnisme ». Nehru ne peut prendre position pour le Tibet contre la Chine. Le dalaï-lama place alors son espoir dans l'ONU qui vote une résolution favorable au respect des droits du Tibet en octobre 1959. Mais ce geste n'est suivi d'aucun effet.

OVER 65,000 TIBETANS EXTERMINATED
Dalai Lama appeals to civilised world

endoctrinement communiste forcé, distribution des terres et des pâturages aux « masses laborieuses », séances publiques de « critiques » qui dégénèrent souvent en tortures, anéantissement de la vie monastique et œuvres d'art emportées vers la Chine. Il faut « exterminer les puissances réactionnaires tibétaines » et « émanciper les serfs ». La « réforme démocratique » avec l'aide des serfs du Tibet est accomplie en 1961. La famine apparaît partout, comme en Chine. Les familles et les structures religieuses éclatent, les rafles de « contre-révolutionnaires » et de « réactionnaires » sont systématiques. Ceux-ci sont envoyés dans des camps de rééducation par le travail, les *laogai*, où beaucoup meurent ; le nombre exact de ces prisonniers est inconnu mais certains avancent le chiffre de 70 000.

Les premiers réfugiés arrivent dans les plaines indiennes après une fuite à travers l'Himalaya dans des conditions extrêmes. Ils se retrouvent dans des camps, dans la chaleur humide de l'Inde, eux qui ne connaisent que le froid sec. Encore vêtus de leurs lourds vêtements tibétains, ils sont hébétés par le climat, la fatigue, le chagrin, l'angoisse de l'avenir, et les regards sont figés dans l'attente (ci-contre). Ils ne savent rien, sauf que le dalaï-lama est aussi dans ce pays qui est pour eux celui du Bouddha. Beaucoup vont mourir de dysenterie et de tuberculose.

En Inde, les Tibétains se rebâtissent une vie qu'ils pensent temporaire.

La communauté en exil se disperse aussi au Népal, en Australie, en Europe, au Canada et aux États-Unis. Elle se dote d'un parlement et depuis 2001, a un Premier ministre élu au suffrage universel, Samdhong Rinpoche. Aujourd'hui, le bouddhisme tibétain connaît un grand succès et pas seulement auprès des Occidentaux. Les Chinois de Taïwan et de la diaspora se pressent auprès des lamas. Mais les réfugiés continuent d'arriver du Tibet, et le temporaire dure depuis cinquante ans.

Le panchen-lama resté au Tibet semble cautionner la situation et occupe le poste de vice-président de l'Assemblée consultative du peuple. En fait, en 1962, à 24 ans, il adresse à Mao une pétition où il dénonce violemment la politique chinoise au Tibet. Début 1964, après avoir, dans un discours public à Lhasa, appelé à un retour du dalaï-lama sur le trône, il est soumis à une terrible « session de critiques ». Emprisonné en Chine, il ne sera relâché qu'en 1978.

Des Tibétains éduqués par les Chinois deviennent à leur tour des cadres du Parti et les rouages de la nouvelle administration. En 1965, la Région autonome du Tibet devient une réalité, mais ne représente qu'un tiers du Tibet culturel et ethnique.

La Révolution culturelle

La Révolution culturelle qui éclate en Chine en 1966 ne fait qu'empirer la situation au Tibet. Les gardes rouges, chinois mais aussi tibétains, détruisent les témoignages de l'ancien régime. Monastères, châteaux, livres, statues, peintures, chortens et toutes marques de « superstitions » sont anéanties avec rage. Comme en Chine, dénonciations, tortures et exécutions se succèdent pendant des années. Les rébellions isolées sont noyées dans le sang. La Révolution culturelle touche toutes les régions du Tibet, même celle de l'Ouest, lointain et désolé ; les trésors artistiques de l'ancien royaume de Guge sont détruits.

En 1964, le panchen-lama est accusé d'être un ennemi du peuple, du Parti et du socialisme. Il subit pendant cinquante jours une session de critiques publiques qui annonce par sa violence la Révolution culturelle (à gauche). Commencée en 1966, celle-ci transforme le Tibet en champs de ruines (ci-dessus, le monastère de Ganden) et bouleverse profondément la majorité de Tibétains pieux qui doivent participer, sous la menace, à la destruction des monuments et des objets.

Les monastères, « nids de réactionnaires et de superstitions », qui avaient survécu à l'invasion, sont systématiquement détruits, et même dynamités, et les objets cassés. Les plus précieux sont envoyés à Beijing où ils sont fondus, mais, en 1983, vingt-six tonnes de reliques entreposées à la Cité interdite sont découvertes. Des 6 000 temples et monastères que comptait le Tibet dans son ensemble avant 1959, il ne reste presque plus rien en 1976. Une culture a été physiquement éliminée et souillée, sauf exceptions. En effet, certains Tibétains, bravant le danger, cachent des statues et des livres, les enterrent, transforment des temples en greniers.

De plus, les communes populaires sont instaurées à partir de 1969 et la collectivisation est terminée en 1975. La vie privée disparaît. Il y a obligation de faire pousser du blé au lieu de l'orge traditionnelle et les récoltes doivent être annuelles.

En 1969, la révolte de Nyemo, menée par une femme, Trinley Chödron, est sanglante. Capturée, elle est exécutée publiquement à Lhasa avec ses partisans.

L'armée ayant priorité pour les céréales, d'autres famines se déclarent.

Enfin, à partir de 1975, le gouvernement chinois met en place la politique d'immigration de Chinois Han au Tibet central. L'Amdo et une partie du Kham, intégrés aux provinces chinoises du Gansu, Qinghai, Sichuan et Yunnan, étaient déjà mixtes mais pas la Région autonome du Tibet. Des milliers de Chinois commencent à arriver, mais les chiffres, partiels, inexistants ou truqués, sont difficiles à exploiter. Selon un chiffre de la RPC, 96 000 Chinois Han, hors personnel militaire, seraient arrivés au Tibet central dès 1982. La ville de Lhasa commence à se transformer. De même, il est estimé que plus d'un million de Tibétains, y compris ceux de l'Amdo et du Kham, ont péri entre 1951 et 1976. La prédiction du 13e dalaï-lama est réalisée.

Pendant ce temps, la guérilla se poursuit à partir du Mustang, enclave tibétaine du Népal ; elle ne cesse qu'en 1974, lorsque les gouvernements américain et népalais retirent leur aide à ces derniers combattants, dont certains se suicident de désespoir.

Un vent de liberté, 1979-1987

En 1978, Deng Xiaoping reçoit l'aval du Comité central pour commencer des réformes. La page de l'ère Mao est tournée. Les Tibétains commencent à sentir le changement, surtout quand le secrétaire général du Parti communiste Hu Yaobang, en tournée au Tibet en 1980, a le courage de faire une critique de la politique colonialiste et des errements chinois au Tibet. Découvrant la pauvreté du Tibet, Hu aurait pleuré de honte. Il fait adopter des mesures économiques spécifiques, prône l'autonomie de décision

Les Chinois ouvrent des écoles au Tibet mais l'enseignement est en chinois et la propagande montre bien sûr des jeunes filles plongées dans la lecture du *Petit Livre rouge* (ci-dessous). Des jeunes Tibétains sont envoyés dans les années 1960 en Chine pour y étudier et y être endoctrinés. Ils reviennent, pensant qu'ils auront des postes de responsabilité. En fait, ils sont expédiés dans des coins reculés « pour gagner une expérience révolutionnaire » et ils y restent jusqu'à la fin des années 1970. Ayant mis leurs espoirs dans un Tibet où ils pourraient jouer un rôle, ces jeunes sont déçus de voir que la Chine met l'accent sur l'éducation idéologique et la lutte des classes plutôt que sur le développement économique du Tibet. Avec la création de la Région autonome du Tibet (RAT) en 1965, des « anciens serfs » sont élevés à des postes administratifs mais, comme ils sont aussi illettrés en chinois qu'en tibétain, ils sont aidés par « des équipes de travail du Parti » composées de cadres chinois.

des Tibétains et décide que 85 % des cadres chinois doivent quitter le pays. Les prisonniers sont libérés, le tibétain est de nouveau enseigné. En 1982, l'article 35 de la Constitution chinoise garantit la liberté des croyances, à condition qu'elles ne troublent pas l'ordre et l'État. Des monastères sont reconstruits et des moines se mettent à étudier. Le Tibet s'ouvre aux étrangers et l'Université de Lhasa est créée en 1985.

En fait, ce n'est qu'à partir de 1980 que la situation s'améliore ; l'accent est mis sur le développement économique et l'attribution aux cadres tibétains de responsabilités accrues. De nombreux travaux

Mais, au Tibet et à Beijing, les cadres s'opposent violemment à cette politique d'ouverture et Hu est limogé en janvier 1987. Le limogeage de Hu Yaobang et la mort énigmatique du 10ᵉ panchen-lama signalent la fin de la seule période de relative libéralisation que le Tibet a connue depuis 1959.

Internationalisation et émeutes

Les Chinois réalisent que non seulement ils n'ont pas soumis les Tibétains mais que le nationalisme tibétain existe. Paradoxe : ils ont réussi à unifier contre eux des populations tibétaines qui, du point de vue politique, n'avaient pas toujours été en bons termes. Les nonnes et les moines sont le fer de lance du nationalisme, et le bouddhisme en devient une expression.

d'infrastructure sont lancés avec une main-d'œuvre majoritairement tibétaine et féminine (ci-dessus). Le Tibet certes s'ouvre aux investissements mais aussi à la première vague de commerçants chinois. Quant au tourisme, vu comme une source de revenus pour la région, il se révèle être une arme à double tranchant puisqu'il va aider à l'internationalisation de la cause tibétaine.

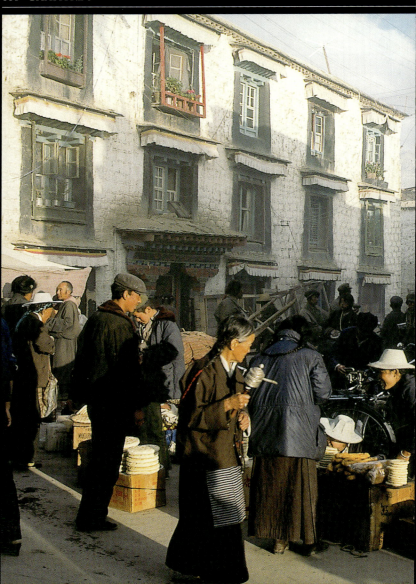

Dans les années 1980, l'économie est libéralisée et les Tibétains, qui consomment 90 % de ce qu'ils produisent, sont encouragés à se tourner vers une économie de marché. Les premiers

maraîchers musulmans chinois (les Hui) arrivent et prennent une grande partie du commerce de produits frais. Dans les villes, comme ici à Lhasa, nomades et paysans tibétains vendent leurs produits : pains, beurre, légumes. La pratique religieuse refleurit et les gens font le circuit autour du temple principal de Lhasa, le Jokhang, tout en achetant des denrées, moulin à prières en main. Le 10e panchen-lama, qui a été obligé de renoncer à ses vœux de moine et de se marier avec une Chinoise, rentre en 1982 au Tibet où il reçoit des témoignages de respect et d'affection (ci-dessus).

En 1987, le dalaï-lama s'adresse au Congrès américain et, l'année suivante, c'est « l'appel de Strasbourg », où il développe son plan pour le Tibet. Il abandonne l'idée d'indépendance, demande l'association d'un grand Tibet vraiment autonome avec la Chine, le respect des droits fondamentaux des Tibétains, l'arrêt de l'immigration chinoise, exige que le Tibet cesse d'être une poubelle nucléaire, et que soit créée une zone de paix. De nombreux Tibétains sont choqués par l'abandon du principe d'indépendance et les Chinois rejettent ces propositions car elles ne contiennent pas la clause principale pour eux : le Tibet a toujours fait partie de la Chine.

Pourtant, l'influence du dalaï-lama grandit encore lorsqu'il reçoit le prix Nobel de la Paix en 1989. La cause du Tibet est relayée par les nombreux Occidentaux qui s'intéressent au bouddhisme tibétain, dont des acteurs et chanteurs connus. Cette sympathie est perçue au Tibet même. Des radios émettant en tibétain depuis l'Occident sont écoutées et les touristes montrent souvent leur soutien. La cause tibétaine s'internationalise et le

Les émeutes de 1987 sonnent le glas de la libéralisation et font prendre conscience aux Chinois que le peuple tibétain n'est pas soumis. La police malmène des moines qui crient que le Tibet était une nation libre et indépendante. Le poste de police devant le Jokhang est alors incendié par la foule de Tibétains qui se rassemblent. L'émeute est réprimée dans le sang sous les yeux de dizaines de touristes occidentaux.
Six policiers tués, selon la Chine ; six policiers chinois et sept Tibétains tués, plus des dizaines de blessés, selon les Occidentaux.

dalaï-lama fait entendre sa voix dans de nombreux parlements à l'étranger, à la fureur des Chinois qui protestent de façon virulente. Pour le monde, excepté la Chine, le Tibet politique et religieux est symbolisé à nouveau par la figure du dalaï-lama. Le temps est loin où le Premier ministre britannique N. Chamberlain déclarait à propos du Tibet : « C'est une querelle dans une contrée lointaine entre gens dont nous ne connaissons rien. »

Fin septembre 1987, une semaine après le discours du dalaï-lama à Washington, une série de manifestations pro-indépendance se déclenchent à Lhasa – au départ le fait de moines et de nonnes. Il est certain que l'accueil fait au dalaï-lama par une nation puissante a catalysé les espoirs. Ceux-ci sont rapidement étouffés par une répression sanglante de la police. Pourtant, de petites manifestations continuent jusqu'en 1989, embarrassant de plus en plus le gouvernement chinois. Après la mort du panchen-lama, le

Au fil des ans, le dalaï-lama est devenu bien plus que le « simple moine » qu'il aspire à être. En tant que chef politique des Tibétains, il doit s'impliquer pour son peuple et multiplie les contacts internationaux. Son prix Nobel de la Paix, en 1989, est une gifle pour les Chinois, au moment où les manifestations se multiplient au Tibet. À Dharamsala, le dalaï-lama participe aux

ressentiment des Tibétains explose et, début mars 1989, la plus grande manifestation anti-chinoise se déroule à Lhasa. Conscients du symbolisme de l'anniversaire des trente ans de l'insurrection de Lhasa, les Chinois ne prennent pas de risques. La manifestation est réprimée dans le sang, avec plusieurs dizaines de Tibétains tués. Le 8 mars 1989, la loi martiale est imposée sur toute la Région autonome du Tibet par le nouveau secrétaire du Parti au Tibet, le brillant mais discret Hu Jintao… aujourd'hui sur le point de devenir l'homme le plus puissant de Chine. Pour les Tibétains, la répression de mars 1989 est considérée comme une répétition des événements de la place Tienan Men, quatre mois plus tard. La loi martiale est levée fin avril 1990.

protestations contre la répression chinoise (ci-dessus). Son charisme et son discours religieux tolérant gagnent de nombreux Occidentaux, même non bouddhistes, à la cause tibétaine. De son côté, la Chine lance des attaques virulentes contre sa personne, ce qui lui aliène encore davantage les Tibétains au Tibet.

« Il faut d'abord couper la tête du serpent »

Depuis cette date, mais surtout depuis le « 3e Forum national sur le travail au Tibet », en 1994, et la crise au sujet de la réincarnation du panchen-lama, en 1995, la politique chinoise vis-à-vis du Tibet est caractérisée par la répression dans le domaine religieux, la rééducation politique, l'accroissement des capitaux pour le développement de l'économie et des infrastructures, et l'encouragement à l'immigration massive de Chinois. Tous ces choix politiques sont interdépendants car, pour le gouvernement chinois, le développement économique est un antidote au poison de la religion, et les Tibétains doivent être à moyen terme noyautés démographiquement en Région autonome du Tibet comme ils l'ont été dans les autres provinces. L'exception tibétaine doit disparaître et, avec elle, l'irrédentisme et les tentations séparatistes.

Un document de propagande distribué après le 3e Forum énonce clairement dans le jargon communiste la politique de répression : « Comme le proverbe le dit, pour tuer un serpent, il faut d'abord lui couper la tête. Si nous ne le faisons pas, nous ne pourrons pas être victorieux dans la lutte contre le séparatisme [...]. La lutte entre nous et la clique du dalaï-lama n'est pas une question de croyance religieuse ou d'autonomie ; il s'agit d'assurer l'unité de notre nation et de s'opposer aux activités séparatistes parmi nos nationalités [...]. Toute activité séparatiste doit être écrasée continuellement, selon la loi. Nous devons accroître notre vigilance, et noter les quelques personnes qui ont un point de vue réactionnaire, qui lancent des contre-attaques vengeresses et attaquent nos cadres au niveau du terrain. Ils doivent être décimés et punis sévèrement. » (*Matériau pour propager l'esprit du 3e Forum*, Presses du Peuple tibétain, 1er octobre 1994).

Une politique coloniale

Le Tibet, à part sa position géostratégique au cœur de l'Asie, en est aussi le château d'eau. Tous les grands fleuves d'Asie y prennent leur source et

Cette photo symbolise le Tibet chinois et peut se lire à deux niveaux. Les Chinois l'interpréteraient comme le signe de la fraternisation de l'armée et du peuple regardant un spectacle religieux. En fait, s'impose d'abord la présence forte de soldats, tibétains et chinois, assis sur des chaises en toute décontraction – tandis que les civils sont debout et derrière ou par terre.

le traversent dans leurs cours supérieurs : Yangzi, Huanghe, Mekong, Salouen, Irrawady, Indus, Sutlej, Brahmapoutre. La déforestation forcenée dans les régions tibétaines du sud-est du Tibet (Kongpo et Kham) accroît l'érosion des sols et les risques d'inondations violentes pour tous les pays d'Asie du Sud, du Sud-Est ainsi que pour la Chine des plaines. Même si une interdiction partielle d'exploitation forestière a été mise en place en décembre 1998, cette exploitation se poursuit, avec la participation active de l'armée. La couverture forestière dans tout le Grand Tibet est estimée avoir décliné de 25,2 millions d'hectares à 13, 57 millions d'hectares en 40 ans, et 18 millions de mètres cubes de grumes

D'autre part, l'attitude des soldats – jambes tendues et pieds pointés, genoux croisés – n'est pas respectueuse vis-à-vis du danseur masqué qui incarne une divinité farouche. Ironie de la situation : sa tâche est de pourfendre les ennemis de la religion avec son glaive. La religion est ainsi folklorisée – un simple spectacle vidé de son sens rituel.

auraient été transportés du Tibet du Sud-Est en Chine. Pour la même période, les Chinois donnent le chiffre de 54 milliards de dollars rapportés par l'exploitation des grumes, uniquement en Région autonome.

Le Tibet est aussi riche en minerais (or, uranium, chromate, charbon, cuivre, mica, borax, fer, zinc et lithium – 2e réserve mondiale), mais leur exploitation est, pour l'instant, difficile et coûteuse, sauf l'orpaillage. Quant à la richesse hydroélectrique, elle est énorme – 250 000 MW, 57 % du potentiel de la Chine –, et des centrales sont construites d'abord pour exporter l'électricité vers la Chine des rizières.

Très fragile écologiquement, avec des sols pauvres et un climat extrême, excepté au sud-est, sa terre ne peut pas pour l'instant supporter des rendements élevés ou une agriculture intensive. Même si le pays est peu peuplé, un afflux démographique poserait des dangers pour son écosystème déjà affecté par le déboisement, l'érosion des sols, la disparition de certaines espèces animales chassées

Tandis que les vieux bâtiments sont démolis, de nouveaux quartiers se créent sans égard pour l'architecture traditionnelle. Rues larges laissant s'engouffrer vent et poussière ; bâtiments sans grâce en ciment et vitres, totalement inadaptés aux conditions climatiques ; plomberie moderne, certes, mais où l'adduction d'eau est déficiente ; ramassage épisodique des ordures ; haut-parleurs qui – à 7 heures, heure de Beijing, alors que c'est encore la nuit au Tibet –, appellent de façon martiale à un jour nouveau. Voici le Tibet moderne voulu par la Chine (ci-dessous).

pour leur valeur marchande et, au nord du Tibet, par les déchets nucléaires.

Cette économie tournée davantage vers une exploitation des richesses d'un pays non pas pour les Tibétains mais pour les Chinois est de type colonial, et ceci est confirmé par le nombre de cadres tibétains en Région autonome du Tibet à des postes de décision : seulement 34 % des cadres au niveau préfectoral et au-dessus, sont tibétains, et 16 % des postes de commandement dans les forces armées. De plus, aucun secrétaire du Parti communiste en RAT n'a été tibétain.

La situation aujourd'hui

Prêchant la non-violence, le dalaï-lama est contesté depuis 1988 par certains Tibétains qui pensent que la voie du milieu et du pacifisme n'est pas viable, d'autant que les tentatives de négociations avec les Chinois sont vaines, et n'aboutissent pour l'instant à aucun résultat pour le peuple tibétain. En outre, le dalaï-lama est plus que jamais qualifié de « séparatiste » par les médias et les officiels chinois ; toute allusion à la situation au Tibet par un pays étranger est qualifiée d'« ingérence dans les affaires intérieures de la Chine ». Les Chinois savent qu'au bout de 45 ans, ils n'ont toujours pas gagné le cœur

En chinois, Tibet se dit *Xizang*, « Maison des trésors de l'Ouest », et ces trésors sont les richesses minières, hydrauliques et forestières. Le déboisement du Tibet de l'Est est une catastrophe écologique (ci-dessus, Serthar, Tibet oriental) car il accroît les inondations dans les plaines chinoises. Le Tibet, c'est aussi de grands espaces dépeuplés, qui manquent cruellement à la Chine, et des possibilités pour la recherche nucléaire. La « 9e académie » a été établie à cet effet au Qinghai près du lac Kokonor dans les années 1960 ; elle est aujourd'hui fermée, mais les déchets radioactifs non traités polluent la région. Toutefois, il n'y a jamais eu d'expériences nucléaires menées au Tibet.

des Tibétains. Chaque événement est perçu comme un défi à la politique du Parti et attribué à la « clique » du dalaï-lama : en 1995, le choix de la réincarnation du 10ᵉ panchen-lama mort en 1989 ; en 1997, la publication du rapport secret de 1962 du panchen-lama ; en janvier 2000, la fuite en Inde du jeune hiérarque de l'école *karma kagyu*, jusqu'alors un instrument de la politique chinoise.

La situation devient parfois absurde tant le gouvernement chinois veut tout contrôler. C'est ainsi que l'on voit un État communiste se donner le droit de reconnaître des lamas réincarnés. Le 11ᵉ panchen-lama, Gedun Choekyi Nyima, reconnu par le dalaï-lama au Tibet, disparaît en 1995, et un panchen-lama choisi par les Chinois le remplace. La disparition de cet enfant, de 6 ans à l'époque, en fait le plus jeune prisonnier politique du monde. Depuis 7 ans, personne n'a pu le voir mais le gouvernement chinois dit qu'il va bien.

Le 24 octobre 2001, devant le Parlement européen à Strasbourg, le dalaï-lama renouvelle son appel à la négociation, dans l'intérêt du Tibet et de la Chine : « J'ai conduit la lutte pour la liberté du Tibet sur un chemin de non-violence et j'ai constamment

La disparition du 11ᵉ panchen-lama, reconnu au Tibet par le dalaï-lama en 1995, et le fait que ni délégation étrangère, ni représentants de l'ONU n'aient pu le rencontrer, malgré des demandes répétées, provoquent la colère des organisations des droits de l'Homme. Le gouvernement chinois répond laconiquement que l'enfant et ses parents vont bien mais ne fournit ni détails, ni photos. L'enfant est littéralement au secret. Il est aujourd'hui âgé de 13 ans, mais la seule photo le représentant est celle prise l'année de sa reconnaissance : il avait 6 ans (ci-dessus).

cherché une solution mutuellement convenable à la question du Tibet par des négociations dans un esprit de réconciliation et de compromis avec la Chine. Je propose que le Tibet jouisse d'une véritable autonomie dans le cadre de la République populaire de Chine. Cependant, ce n'est pas l'autonomie sur papier imposée à nous il y a 50 ans par l'« Accord en 17 points ». C'est un Tibet véritablement auto-gouverné, vraiment autonome, avec les Tibétains pleinement responsables pour leurs affaires intérieures, incluant l'éducation, les affaires religieuses, la culture, le soin de leur environnement fragile et précieux et l'économie locale. Beijing continuerait à être responsable pour la conduite des affaires étrangères et de la défense. Cette solution contribuerait grandement à l'image internationale de la Chine et à son unité et sa stabilité – les deux priorités les plus importantes pour Beijing. En même temps, les Tibétains seraient assurés de leurs libertés et de leurs droits élémentaires pour préserver leur propre civilisation et protéger le délicat environnement du plateau tibétain. »

Si le Tibet d'avant 1950 était une société qui avait besoin de réformes profondes, n'y avait-il pas d'autres moyens que la destruction d'une culture et la mise au pas d'un peuple par une force armée et une idéologie étrangères ? Ce dessin d'enfant qui a vécu au Tibet en est une illustration poignante (ci-dessous) ; des parents se séparent de leurs enfants pour qu'ils puissent, en exil, recevoir une éducation tibétaine.

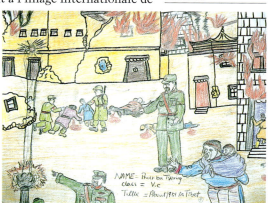

Droits bafoués et intégration économique

La répression religieuse et la campagne de rééducation battent de nouveau leur plein. Le récent monastère de Serthar en Amdo (Sichuan), dirigé par le charismatique Khenpo Jigme Phuntsho et comprenant 5 000 moines et nonnes, dont des Chinois, est détruit en juillet 2001.

Le 7 mars 2002, Paula Dobriansky, coordinatrice pour le Tibet au Département d'État américain, déclare devant le Congrès : « La situation sur le terrain au Tibet reste grave. Le rapport 2001

Quant aux Tibétains de la « deuxième génération » nés en Occident ou en Inde, s'ils sont certes influencés par les modes de vie de leur pays d'accueil, ils restent très attachés à leur culture et leur religion dont ils se considèrent les garants.

du Département d'État sur les droits de l'Homme,
dans sa section sur la Chine, établit clairement que
des contrôles serrés sur la religion et autres libertés
fondamentales sont des problèmes sérieux. [...]
Le Tibet reste la région la plus pauvre de Chine
bien que la Chine lui ait dévolu des ressources
économiques substantielles depuis 20 ans.
Les problèmes de langues limitent sévèrement
les chances d'éducation pour les étudiants tibétains,
le taux d'analphabétisme augmenterait et les enfants
des campagnes dans certaines régions sont mal
nourris de façon chronique.

Certains rapports suggèrent que la privatisation
du secteur de la santé, l'accent croissant sur

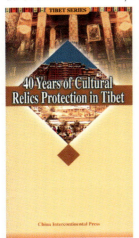

l'utilisation du chinois dans
les programmes scolaires
et la migration continuelle
des Han au Tibet
affaiblissent la position
socio-économique de la
population tibétaine. [...] »

Là où ni la terreur, ni
l'idéologie, ni la collaboration
n'ont réussi, le gouvernement
chinois procède aujourd'hui
par l'assimilation
démographique : le Tibet
se peuple de Chinois venus
de la « mère-patrie », petits
commerçants, chauffeurs,
travailleurs du bâtiment,
des routes, du chemin de fer,
sans compter les troupes dont le nombre est tenu
secret mais estimées à 500 000, et les prostituées
estimées à 10 000. Tous viennent dans cette contrée
inhospitalière mais encore peu habitée et où
les salaires sont trois fois ceux de la Chine.
Le gouvernement en a d'ailleurs fait un slogan :
« Aller à l'Ouest. » Aujourd'hui, un chemin de fer
entre Golmud, au Qinghai, et Lhasa est construit
grâce à des milliers de travailleurs chinois. Long de
1 084 kilomètres, franchissant des cols à 5 000 mètres
et coûtant 2,34 milliards de dollars américains

Mao, Deng et Jiang, souriant sur fond de Potala, invitent les Tibétains à les suivre vers une ère nouvelle (ci-dessus)... et les destructions sont effacées au profit de « 40 ans de protection des reliques culturelles au Tibet » (ci-contre) ! La propagande se poursuit et les touristes chinois de l'intérieur et de la diaspora affluent, 404 000 en 2001 (chiffre officiel). Les étrangers, en plus du visa chinois, doivent avoir un permis spécial pour la Région autonome du Tibet.

拉萨市政府 宣

ཀླུའི་མ་སྟོན་པ་ཡིས།   ད་ཚོ་དུས་རབས་གསར་བའི་ཕྱོགས་སུ་འཁྲིད།
领路人，带领我们走进新时代。

(chiffre officiel 1995), c'est un travail titanesque dans des conditions climatiques éprouvantes. Il doit être terminé en 2007. Le chemin de fer « est d'une importance extrême pour consolider la frontière sud-ouest de la mère-patrie, exploiter les richesses naturelles le long de la ligne et établir des liens économiques et politiques étroits entre le Tibet et les autres parties du pays » (5e plan de développement de la RAT).

En 2002, est édifié devant le Potala un monument de 35 mètres de haut à la gloire de l'Armée populaire de libération, et le nouvel immeuble de la sécurité publique domine la ville. C'est ainsi que la peur ancestrale des « Barbares de l'Ouest », que partagent tous les régimes chinois depuis la dynastie des Zhou de l'Est (VIIIe-IIIe siècles av. J.-C.), semble pour l'instant contenue...

Sourire en mi-teinte : fin juin 2002, à Prague, le dalaï-lama reçoit son portrait, cadeau de Vaclav Havel.

TÉMOIGNAGES
ET DOCUMENTS

Regards croisés sur le Tibet

« Pays lointain, pays longtemps inaccessible, pays qui commence là où tous les autres s'essoufflent, le Tibet a toujours exercé une attraction puissante, souvent irraisonnée, à la mesure des interdits qu'il fallait lever, des hautes routes qu'il fallait affronter, des immensités vides qu'il fallait franchir […]. Pour moi, depuis vingt ans, le Tibet a cessé d'être une passion abstraite ou une vague magie. Il est, s'impose et incarne l'horizon des horizons, celui où la mise en altitude du corps s'accompagne d'une surprenante légèreté de l'être. »

André Velter, *Action poétique* 157, *Tibet aujourd'hui*, 1999

Une grande piété

Le jésuite Antonio de Andrade (1562-1607) voyagea à travers toute l'Asie centrale et établit la première église du Tibet à Tsaparang, au royaume de Guge, en 1626.

C'est à cause de cette piété et de cette inclination pour les choses de Dieu, qu'ils demandent continuellement des croix et des reliquaires qu'il leur plaît de pendre au cou. La mère du roi habite en un autre pays séparé de celui-ci par deux journées de route: avant même de s'entretenir avec moi, elle a envoyé quelqu'un pour me demander quelque sainte chose de cet ordre. Moi, je lui ai envoyé une croix et un reliquaire qui lui ont fait grand plaisir. Le roi lui-même porte au cou, en plus d'une croix d'or, notre chapelet avec aussi la sainte Croix et un reliquaire d'or avec, dedans, deux reliques à nous. J'en avais retiré les leurs et je les avais brûlées.

[…] C'est de la piété elle-même ainsi que des bonnes dispositions qu'ils ont que provient aussi la vénération qu'ils vouent à nos images. Nous en avons plusieurs dans cette église qui est très bien aménagée. Tous les gens de la noblesse et bien d'autres gens du peuple s'y sont précipités: se prosternant contre terre trois fois selon leur usage, ils adorent les images saintes et ils demandent qu'on leur impose le Livre saint sur la tête; nous avons de la sorte bien des occasions de leur expliquer les mystères de la foi.

[…] L'occasion s'était présentée au roi de nous voir offrir le saint sacrifice de la messe. Il est revenu quelques jours après dans cette maison, car il demandait à revoir les hosties. Je lui en ai montré une et l'ayant brisée, je la lui ai mise dans la main, en lui disant: « À présent, Seigneur, ce n'est que du pain. Mais lorsqu'on l'offre à Dieu, par la force des paroles que lui-même nous a enseignées, cela se change en son propre corps ».
– « Eh bien, a-t-il répondu, puisqu'à présent ce n'est que du pain, donnez-moi la permission d'en manger. » Il en a pris

un tout petit morceau dont il a partagé les restes avec les domestiques qui se trouvaient présents, à la manière de celui qui prendrait une relique, une chose très sainte.

Antonio De Andrade, 1626,
in *Les Portugais au Tibet, les premières relations jésuites (1624-1635)*,
trad. et prés. Hugues Didier, Paris,
Éditions Chandeigne, 1996

De la trinité bouddhique

Francisco de Azevedo (1578-1660) fit aussi partie de la mission de Tsaparang qu'il rejoignit en 1631. Son interprétation de la trinité bouddhique – bouddha, loi bouddhique et communauté des moines – est très intéressante.

Ces gens sont vêtus de tuniques de tissu de laine grossière et de culottes de même, avec des bottes, les hommes comme les femmes. Ils n'ont rien sur la tête, coiffent leurs cheveux en petites tresses tombant dans le dos et soigneusement enduites de beurre, portent comme bijoux, autour du cou ou sur la poitrine, des colliers d'ambre ou de corail. Ils sont tous aussi sales les uns que les autres. Du front jusqu'au milieu de la tête, ils font descendre un cordon où sont enfilées des pierres vertes grossières nommées turquoises. Mais certaines sont précieuses. Ils mangent de la viande crue ou à peine rôtie, de la farine d'orge grillée, des légumes cuits. Ils en ont des frais tout au long de l'année, car pendant l'été, ils les font sécher à l'ombre chez eux. Quand ils veulent les manger verts et frais, il leur suffit de les faire tremper par bottes dans de l'eau pendant une demi-journée. Ainsi, ils sont aussi frais que si on venait de les cueillir. Si on vous le sert, le menu n'est pas mauvais.

[…] Ils considèrent que Dieu est un et trine. Ils le nomment Conja sumbô [*C'os dkon gsum pa*]. Ils appellent le Père Lamâ conjô [*bLa ma dkon mc'og*], le Fils Cho conjô [*C'os dkon mc'og*], le Saint Esprit Giundu conjô [*dGe dun dkon mc'og*]. Ils croient que le Père engendre le Fils selon sa parole et que des deux naît la Troisième Personne. Ils appellent Notre Dame Gelobó lunzé [*Ses rab p'a rol tu p'yn pa'*]. Ils considèrent que la Deuxième Personne s'est incarnée en elle. Dieu avait voulu lui envoyer un ange comme ambassadeur; mais alors, chez les hommes, cela avait causé du dépit, car ils considéraient qu'ainsi, il la touchait. Alors Dieu, pour éviter les contestations, avait envoyé un éléphant comme ambassadeur. C'est du moins ce qui est écrit dans leur livre.

Francisco de Azevedo, 1631,
in *Les Portugais au Tibet, op. cit.*

Au monastère de Tashilunpo

George Bogle (1746-1781), jeune homme enthousiaste et respecteux des coutumes locales, fait une excellente description de la vie au monastère Tashilunpo et de la curiosité réciproque avec laquelle Tibétains et Occidentaux s'observent.

Depuis le jour de notre arrivée à Teshu Lumbo jusqu'au 18 janvier 1775, le Lama passa son temps à recevoir des visites et des cadeaux. Parmi ses dévots, figurait une grande caravane de Kalmouks qui offrirent pour sa chapelle des talents d'argents, des fourrures, des pièces de soie et des chameaux. Ces Kalmouks restèrent à peu près un mois à Teshu Lumbo, puis ils se rendirent à Lhasa […].

Je n'assistais à aucune de ces réceptions mais restais chez moi, où j'avais assez de mes propres visiteurs; car

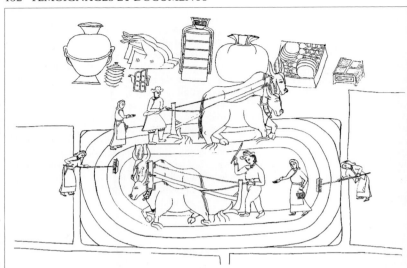

des foules de moines avaient pris l'habitude de venir me voir dans ma chambre à n'importe quelle heure, ou de grimper sur les toits et de me regarder de là-haut. Parmi ces visiteurs, vinrent les killidar de Shigatse dans leurs habits féminins. Je n'ai jamais rejeté personne. Je leur donnais une pincée de tabac à priser et leur permettais de regarder les chaises etc., ce qui provoquait toujours une exclamation du genre: « Pah-pah-pah, tze-tze-tze! » Après quoi ils s'en allaient pour laisser la place à d'autres. Cela dura, plus ou moins, tout le temps que je passai à Teshu Lumbo.

[…] Le prêtre qui m'apportait tous les matins, de la part du Lama, du riz bouilli et du thé, s'appelait Debo Dinji Sampu. Âgé d'une cinquantaine d'années, il était marqué par la petite vérole; ses yeux étaient doux et candides et il respirait une grande droiture d'esprit et de simplicité. Il parvint à comprendre assez bien mes imparfaites tentatives pour parler la langue tibétaine, et nous prîmes l'habitude de bavarder longuement ensemble. J'éprouvais bientôt beaucoup d'amitié pour lui; et lui, faisant en cela preuve de sagacité, éprouvait un grand penchant pour moi. Il avait toujours sur lui une boîte d'excellent tabac à priser et n'était pas avare pour m'en offrir une pincée. Mais en dépit de toutes ses qualités, Debo Dinji était aussi hostile que le reste de ses compatriotes à l'idée de se laver les mains et le visage.

Il arriva un beau matin au moment où je me rasais et, pour une fois, je réussis à le persuader de se nettoyer à l'eau et au savon. Je lui donnais ainsi un teint nouveau et il parut se regarder avec un certain plaisir dans le miroir que j'employais pour me raser. Mais il se couvrit d'un tel ridicule au regard de son entourage que je ne pus jamais l'amener à renouveler cette expérience.

George Bogle, *Mission au Bhoutan et au Tibet*, trad. de J. Thevenet, Paris, Éditions Kimé, 1996

L'échauffourée de Kuru

*Perceval Landon (1869-1927),
correspondant du* Times *à Londres,
couvrait l'expédition Younghusband
au Tibet, en 1904. Sa description
poignante de la bataille de Kuru,
puis ses dépêches de Lhasa bouleversèrent
et enthousiasmèrent ses lecteurs.*

Alors, un ouragan s'abattit et venant de
trois côtés, nos salves atteignirent la
masse des Tibétains serrés les uns contre
les autres. Ce fut comme le combat d'un
homme contre un enfant : dès le premier
instant de l'action, il n'y eut aucun doute
sur l'issue du combat ; et sous les rafales
punitives de plomb, l'ennemi chancela,
rompit et s'enfuit. Son unique ligne de
retraite était balayée par les tirs ; d'une
commune impétuosité, la masse
d'hommes s'y engagea pêle-mêle, et se
décida à sortir de cet effroyable piège de
mort. À une centaine de mètres, ils
crurent trouver un refuge derrière un
grand rocher carré : mais nos Gurkhas
étaient postés sur une hauteur, et
dirigèrent leurs feux contre les fugitifs.
Leur seul espoir était un second repli de
terrain, moins d'un kilomètre plus loin.
Si nous avions été équipés des mêmes
armes qu'eux, même trente mètres leur
auraient suffi à se sauver, même sans
repli du terrain. Ce fut un spectacle
effrayant. Et l'on regardait avec une
fascination morbide la démonstration
du pouvoir absolu sur la vie et la mort.
Les hommes tombaient tous les mètres.
Ici et là des morts et de blessés se
concentraient en tas, et tous les dix ou
vingt pas, jalonnaient la ligne de retraite.
Enfin, quelques malheureux Tibétains
réussirent lentement à atteindre le coin
du repli – cette lenteur dans leur fuite
était vraiment horrible et pénible à voir.
Nous savions qu'ils seraient sauvés de
cet ouragan de feu qu'ils avaient
eux-mêmes déclenché par leur défi.

Tout cela était nécessaire mais
néanmoins, tous ceux des nôtres qui
prirent part à cette action en furent
malades. Ce ne fut pas un combat dans
le sens normal du terme, et nos officiers
le firent cesser car tout danger avait
disparu pour la mission. Le plus
grand péril que coururent les nôtres,
ce fut d'essuyer les feux de leurs
compagnons au cours de mouvements
sur la hauteur. [...]

Oui ! Lhasa serait encore Lhasa, ne fût-
elle qu'une agglomération de huttes dans
un désert de sable ! Mais la magnificence
du spectacle inattendu qui s'offrit à nos
yeux est à peine imaginable. Rien ne
manque à cette splendeur : architecture,
arbres séculaires, grandes étendues
verdoyantes, rivières, ruisseaux et
montagnes, tout cela s'offrait du haut de
ce belvédère où Lhasa était à nos pieds.
[...] Et la beauté de Lhasa est encore
augmentée par ce spectacle si inattendu.
[...] Rien dans les approches de la ville,
rien encore dans les descriptions et les
plans qui ont été faits antérieurement,
rien ne nous faisait prévoir cette profusion
magnifique de palais gigantesques et de
toits dorés, ces pans de bois sauvages,
ces pâturages et ces marécages, encerclés
et délimités par de grands arbres ou des
rigoles paresseuses d'une eau brune
et transparente au-dessus desquelles
les branches s'enchevêtraient presque.
[...] Et enfin devant les yeux est
Lhasa ! Le lamaïsme peut être une
barrière contre tout progrès humain,
le symbole vivant de ce que nous autres,
Occidentaux, nous avons toujours
combattu et vaincu en fait de bigoterie,
de cruauté et d'esclavage ; mais sous le
soleil ardent de ce jour et sous le voile
blanc d'un ciel presque sans nuages,
il n'est pas facile de trouver fautive une

croyance, quelque étroite et cruelle qu'elle soit, qui a construit le Potala dans son écrin de verdure. Dans un paradis d'eau fraîche et de feuillages verts, caché dans la ceinture neigeuse des plus hautes montagnes du monde, le lamaïsme a élevé les pierres et l'or de Lhasa, et rien sinon le lamaïsme pouvait l'avoir fait. Au lamaïsme seul, nous le devons quand enfin la vue de notre but le plus éloigné s'étale devant nos yeux; ce spectacle valait pleinement toutes les rumeurs et tous les récits et l'aura romantique dont l'imagination de l'homme l'avait chargé depuis tant d'années.

Perceval Landon, in *Lhasa: the mysterious city*, 1905 (trad. F. Pommaret)

Danses à Patong

Jacques Bacot (1877-1965) ne put jamais se rendre au Tibet central mais ses voyages dans les marches tibétaines lui donnèrent une connaissance intime des coutumes qu'il exprima dans une langue magnifique.

Le dernier soir, à l'heure du crépuscule, après qu'on a bien ri de ces pitreries rudes ou naïves, les fêtes se terminent par le chant de l'Om mani padmé. Tandis que les trois plus anciens de Patong lancent des poignées de céréales aux esprits des quatre points cardinaux, la foule entière, hommes et femmes, entonne le mani. Syllabes mystiques dont les savants se perdent à chercher le sens; mais cri magnifique par son ampleur et sa mélodie douloureuse, où les voix s'élèvent très haut, aussi haut que peut aller l'espérance, et retombent déçues en une plainte profonde. On ne connaît pas d'auteur à ce chant, il est sans artifice de composition. Ouvre des siècles et de tout un peuple, il est une synthèse, le cri même de la détresse et de l'espoir humains, éperdument, éternellement lancé du fond

de l'abîme. Il résume toute la religion tibétaine, toutes les religions.

Jacques Bacot,
Le Tibet révolté, Hachette, 1912

Mes aventures au pays de France

Ardjroup Gumbo (?-1910), c'est le regard croisé du voyageur tibétain. Venu en France avec Jacques Bacot, il observa et compara avec une simplicité teintée d'humour les sociétés française et tibétaine. Dans son ouvrage Le Tibet révolté *(1912), Bacot, que Gumbo appelait Ta-jen (maître), lui rendit un vibrant hommage: « Je lui dois des émotions que les gens de notre époque ne connaissent plus, ne comprendront peut-être seulement pas. Avec lui, j'ai oublié la grisaille, mesquine et inquiète, qu'on appelle intense, par dérision sans doute, et où je vais retourner. »*

[…] Je suis sorti pour visiter Marseille. Sur une montagne haute de neuf étages, se trouve une grande église. pour monter sur cette montagne, il y a plusieurs sortes de chemins. Moi, pour monter, étant entré dans une petite maison au pied de la montagne [l'ascenseur qui monte à Notre-Dame de la Garde], je vis des hommes assis. Et le temps d'un cri, la maison fut transportée en haut de la montagne, au seuil de l'église. Dans cette église, il y avait des statues de saints et de vierges. À cette vue, je me réjouis et je m'agenouillai pour prier. Étant montés dans une voiture, nous redescendîmes au pied de la montagne.

Comme nous étions arrivés à un bras de mer, dans une maison suspendue sur l'eau [le transbordeur], beaucoup d'hommes se tenaient. Et cette maison franchit l'espace par-dessus les eaux. Nous sommes revenus en ville dans une voiture et beaucoup d'hommes me regardaient.

[...] Dans l'auberge, il y avait plus de huit étages et cent chambres. [...] Dans ces chambres, des lits sont dressés, drapés d'étoffes en soie, ainsi que des tables chargées d'ornements. Des étoffes de soie sans crasse couvraient ces tables. Le soir, pour dormir, des serviteurs étendaient les lits, et le matin ils les repliaient.

Je mangeais avec les maîtres de l'auberge sur une table ronde. La coutume, le matin, est de manger un petit repas de lait, de café, de beurre et de sucre. À midi et le soir, on fait deux grands repas de viande, de poissons, de fruits et de sucreries.

Avant de faire ces repas, il faut laver son corps et ses mains et secouer la poussière de ses vêtements. Et quand je reviendrai dans ma patrie, quand je dirai, chien méprisable, que je fais selon cette coutume, tous les hommes, incrédules, se boucheront les oreilles.

[...] Avant d'entrer dans la maison, on nettoie ses pieds sur des tapis de tresses. Tout le monde ne peut pas entrer. À la grande porte il y a un gardien. Il faut d'abord aller chez le gardien qui laisse entrer les uns et pas les autres. S'il a dit oui, il accompagne dans la maison [...].

À tous les étages, il y a des petites roues, et si on les tourne d'un quart de tour, elles donnent la lumière, l'eau, la chaleur, tout ce qu'on veut ; et il n'est pas besoin d'huile ni de feu. Je ne savais par quel moyen, mais ayant regardé attentivement, je vis que sous la maison, dans la terre, il y avait un grand feu et de l'eau abondamment.

[...] Il y a une grande salle où l'on ne va que manger les repas. Les hommes mangent avec les femmes, étant mêlés autour d'une table ronde. Pour entrer dans la salle, ils croisent avec elles leurs bras et s'inclinent devant elles.

Les Français aiment beaucoup les femmes, ils les saluent profondément, et, quand ils leur parlent, ils montrent des visages souriants et leur voix est pleine de douceur.

[...] Le Ta-jen a en plus de sa maison de Paris une grande maison de campagne. [...] Cette maison est grande comme une forteresse et bâtie sur une petite montagne. Mais le Ta-jen n'est pas le chef du pays, car, en France, ceux qui habitent les palais sont devenus les sujets de leurs fermiers. Les pauvres, devenus puissants, étant élus par le peuple, ont laissé leurs biens aux riches. Mais, désormais, ils désirent s'en emparer.

Dans cette maison il y a partout des peintures représentant des arbres, l'eau des lacs et des rivières, des jardins et des champs tels qu'on les voit dans la campagne. Sur ces peintures on ne voit aucun dieu ni aucun saint, car elles ne sont pas faites par les prêtres, mais par des hommes habiles. Et les Français se plaisent à regarder ces peintures dans l'intérieur de leurs maisons.

[...] Pendant trois mois, j'ai beaucoup souffert, étant irrité contre la cuisinière. Cette cuisinière avait des moustaches, elle était sale, méchante, et ne craignait pas Dieu. Elle me donnait ma nourriture comme à un chien. Après trois mois, le Ta-jen la chassa de la maison [...].

J'ai vu d'autres femmes méchantes, mais leurs maris étaient bons. En France, quand une femme mariée a commis un adultère, son mari ne la tue pas, ainsi qu'au Tibet et en Chine un mari vertueux doit le faire, mais il va paisiblement à ses affaires, tandis que tous rient de lui et se moquent, disant que son front est semblable à celui des bœufs.

« Impressions d'un Tibétain en France », *in* Jacques Bacot, *Le Tibet révolté, op.cit.*

Un regard tibétain

De grandes caravanes assuraient le commerce entre les régions. C'étaient de véritables expéditions qui duraient des mois et devaient se protéger des animaux sauvages et des bandits.

Chaque matin, c'était avec une extrême précision que se mettait en route l'énorme machine: on se levait très tôt, deux ou trois heures avant le jour, au moment de la nuit où il faisait le plus froid, où il gelait à pierre fendre. Pendant que le cuisinier faisait ce qu'il pouvait pour chauffer l'eau du thé, les hommes du feu harnachaient les chevaux. Ensuite seulement, ils chargeaient les yaks en démantelant le bastion. Chaque geste était compté; il fallait deux hommes par animal; ils mettaient une demi-heure à en charger quarante. On s'occupait d'abord des bêtes qui partaient les premières, celles qui avaient passé la nuit le plus près du chemin. C'était le chef de feu qui, la veille, avait désigné le yak devant, ouvrir la marche, le meilleur du moment: celui-là, on le surveillait constamment, on le gardait, au prix de sa vie parfois, contre les accidents et les brigands: il y allait de l'honneur du chef de feu et, par voie de conséquence, du sort des valets. Quand la caravane s'ébranlait le matin, toujours il fallait faire vite pour prendre la suite du feu de devant, ne jamais faire attendre le feu de derrière. Vite! Plus vite! C'était un mot qui revenait constamment dans la grande caravane et dont se plaignaient les valets. Parce qu'il en avait assez de s'entendre dire qu'il fallait aller plus vite, il arrivait qu'un valet fît le contraire de ce qu'ordonnait le maître. Alors, il suffisait d'un seul homme qui renâclait et l'ordre de marche de toute la caravane s'en ressentait. Dès que vingt yaks étaient chargés, ils prenaient le départ sans attendre, avec le valet de tête qui enfourchait son cheval; ensuite un autre valet avec encore vingt yaks, puis un autre et, enfin, le chef de feu avec les vingt derniers. Le feu qui suivait attendait, il s'ébranlait dès que l'autre était parti. Pas de trou dans la longue file! Il fallait une heure pour que le cercle des feux se défît, pour que la caravane se mît en marche. Chaque jour, le dernier feu pouvait donc dormir une heure de plus que le premier: c'est pour cette raison que chaque feu, à tour de rôle, prenait la tête.

C'était ça la caravane: toujours se presser, toujours faire vite, plus vite, toujours tendus; et pourtant la caravane était lente, elle s'ébranlait le matin, vers cinq heures, et s'arrêtait vers midi, après sept heures de marche. Quelle distance couvrait-elle chaque jour? Quinze kilomètres? Vingt kilomètres?

[...] Dans sa marche, la caravane traversait des territoires qui appartenaient à diverses tribus de nomades: avec elles, depuis longtemps, la caravane avait passé des accords; chaque année, elle apportait le thé qu'elle échangeait contre les peaux et la laine. Quand elle ne faisait que traverser les territoires, elle payait un tribut au passage; le plus souvent, elle n'avait rien à craindre, même des Gologs qui, eux aussi, avaient besoin de thé. C'était le chef de camp qui négociait avec les chefs nomades.

[...] Dans ce désert qui semble parfaitement vide, la moindre motte de terre a pourtant ses particularités et le chef de caravane est d'abord celui qui connaît le pays: tel repli est bon pour camper, car il met à l'abri du vent; ici l'eau est mauvaise, elle vient des tourbières; là-bas se trouve du combustible; attention, cette vallée est celle par laquelle peuvent surgir les pillards et c'est sur ce rocher qu'il faut monter si l'on veut découvrir de loin l'embuscade ; voici la fondrière derrière laquelle on s'abrite contre la charge.

Le chef de camp disposait d'un corps de cavaliers, chaque jour différent, qu'il soustrayait à tour de rôle aux tâches de leur feu : on les appelait des « gardes ». Il les commandait comme une force autonome, il connaissait la réputation de chacun. Selon les jours, les risques étaient plus ou moins grands. Il était des étapes où le pays était ouvert et où l'on

là aussi devaient être bons. Ils ouvraient la route à près de deux heures de marche, loin en avant. Toujours par deux, ils progressaient sur les crêtes de part et d'autre de la vallée. Ils reconnaissaient tous les vallons suspects, s'arrêtant souvent pour examiner les empreintes sur le sol : « Tant de cavaliers sont passés là hier ; à leur nombre, à leur direction, au chargement de leur monture, ce sont sans doute des chasseurs. » Ces hommes de tête étaient capables de décider où établir le camp. Quelque temps avant

voyait venir les choses de loin. Ces jours-là, le chef de camp savait qu'il n'était pas nécessaire d'avoir les gardes les meilleurs. Mais il était d'autres jours où les lieux que l'on traversait étaient dangereux : ce pouvait être une large et paisible vallée, mais le chef de camp savait que la seule route que pouvait emprunter la caravane état une piste étroite, coincée entre la base de la montagne et les marais. C'était du vallon voisin, quatre ans auparavant, qu'avait surgi la charge des Gologs. Ces jours-là, le chef de camp désignait les hommes les meilleurs ; il les connaissait, même s'ils n'appartenaient pas à sa fédération.

Chaque matin, bien avant le départ de la grande caravane, s'ébranlait un petit groupe de six à huit cavaliers : ceux-

l'étape, ils étaient rejoints par la cohorte des valets, que chaque feu dépêchait pour préparer le site du bastion et tendre les cordes avant l'arrivée des yaks.

D'autres cavaliers escortaient la caravane en marche. Ils la protégeaient sur ses flancs en demeurant sur les hauteurs. Ils étaient très autonomes, galopant sans cesse en avant, en arrière, sur les flancs. Ils grimpaient sur les sommets, disparaissaient au loin pour patrouiller, toujours par deux, dans les vallées voisines. Le soir, enfin, le chef de camp mettait en place les gardes de nuit sur les crêtes qui dominaient le grand cercle des feux.

S. Karmay et P. Sagant,
Les neuf forces de l'homme,
Nanterre, Société d'ethnologie, 1998

Chants poétiques

*« La langue tibétaine est extrêmement adaptée
à la création poétique [...] car elle offre la possibilité
d'intercaler dans le corps du texte des particules sans
sens réel, ou bien d'omettre certaines articulations
grammaticales, afin de jouer sur le rythme [...].
D'autre part, les Tibétains ont toujours aimé chanter,
danser, s'interpeller, rivaliser lors de joutes orales.
Gens de paroles, ils ont toujours valorisé le verbe :
dès l'enfance, ils sont bercés par les mantra récités
par leurs mères, par les récits mirifiques du roi Gesar
chantées par les bardes. La poésie est fille de cette
atmosphère chantée.»*

Françoise Robin, *Action poétique* 157,
Tibet aujourd'hui, 1999

*L'épopée de Gesar, anonyme, est une
longue suite de milliers de vers et s'est
constituée au cours de plusieurs siècles.
Chantée par des bardes spécialisés
dans certains chapitres, elle connaît
une popularité extraordinaire.*

Instruction de Ma-ne-ne à Jo-ru
Le chant, c'est a-la tha-la tha-la tha-la,
c'est la façon de tourner un discours.
a-la, c'est le début du discours.
Tha-la, c'est la façon d'exprimer un mot.
Et maintenant, Jo-ru, fils divin, écoute le
chant que moi, ta tante, je t'adresse.
Dans les sillons du champ d'une vallée
abritée, les épis bleu-vert ont surgi ;
Si /le champ/ n'est pas orné de fruits de
bonne qualité, en cas de malheur,
comment vivront «les têtes noires» ?
Les feuilles bleues qui servent de
nourriture aux animaux, même si elles

poussent en quantité, ce n'est pas utile.
Sur la tente d'azur du ciel élevé,
quand resplendissent des myriades
d'étoiles, si la pleine lune ne vient pas
les orner, qui va les conduire sur
le chemin d'obscurité ?
Ces constellations, semblables à un guide
à travers l'obscurité, bien qu'elles soient
en grand nombre, ce n'est pas utile.
Sur la terre du Glin bariolé, Jo-ru a
produit des émanations de toutes sortes ;
s'il ne s'empare pas de la souveraineté
du Glin blanc, Jo-ru viendra-t-il un jour
faire le bien des êtres ?
Quand il accumule les tromperies de
ses émanations, c'est comme un signe
de la domination de l'oncle Khro-thun.

*Chants dans l'épopée tibétaine
de Gesar d'après le livre de la course
de cheval, trad. M. Helffer,
Genève-Paris, Droz, 1977*

Milarépa (1052-1135) fut l'un des plus grands mystiques et ascètes du bouddhisme tibétain et l'un des fondateurs de l'ordre des Kagyupa.

Quatre grands fleuves irriguent
Naissance, vieillesse, maladie et mort
Ils existent pour tous les êtres de ce monde, ils n'en épargnent aucun.
Ah! site solitaire du fort de l'Éveil!
Là-haut près des glaciers vivent dieux et génies, tour au bas des terrasses les bienfaiteurs abondent.
Derrière une montagne a tendu son rideau de soie blanche. Les bosquets s'amoncellent devant, idéalement.
Je regarde les oiseaux d'eau osciller du col
Sur les berges de l'étang.
Les esclaves attachés à leurs désirs mondains emplissent la terre, s'échinant pour des possessions matérielles.
Le yogi qui les observe, pleinement éclairés depuis le haut du précieux rocher, les prend en exemple de l'impermanence des choses.
Ils méditent leurs envies, pareilles à l'eau tremblante, pareilles à la vision d'un œil malade.
Le yogi regarde cette vie comme l'illusion d'un songe.

*

Je suis un homme étrange, un ermite vêtu de coton qui médite aux mois d'été dans les montagnes enneigées : le Souffle vivifié purifie tous les brouillards du corps.
Au mois d'automne, je mendie des aumônes : rien de tel que l'orge pour rendre la santé.
En hiver, je médite dans les forêts profondes qui m'épargnent les cinglantes attaques de la bise.
Au printemps, je demeure par prairies et collines
Et me libère ainsi du phlegme et de la bile.

> Milarépa, trad. M.-J. Lamothe,
> *Dans les pas de Milarépa…*,
> Paris, Albin Michel, 1998

Drukpa Kunley, « le fou divin » (1455-1529), appartenait à l'école religieuse des Drukpa, et faisait partie de la grande famille des Gya d'où provenaient les hiérarques des Drukpa. Toutefois, son refus de l'ordre ecclésiastique établi, ses vagabondages, son comportement excentrique et choquant, et ses chants grâce auxquels il enseignait l'essence de la religion lui confère une place à part dans le bouddhisme tantrique.

Je me réfugie dans le pénis assagi
du vieillard, desséché à la racine, abattu comme un arbre mort ;
Je me réfugie dans le vagin flaccide de la vieille femme, effondré, impénétrable, semblable à une éponge ;
Je me réfugie dans le foudre viril
du jeune tigre, fièrement dressé, indifférent à la mort ;
Je me réfugie dans le lotus des filles,
leur faisant éprouver des ondes
de félicité, les délivrant de la honte et des inhibitions.

*

Le Lama sans disciple, l'étudiant sans persévérance,
Le pandit sans auditoire, la femme privée d'amant,
Le fermier sans plantation, le nomade sans bétail,
Le moine sans discipline, le Gomchen sans instruction,
La nonne obsédée par le sexe, l'homme incapable de bander,
Les putains courant après l'argent et les filles soupirant après le sexe,
Comme ils sont ridicules, comme ils sont risibles !

> *Le Fou divin, Drukpa Kunley yogi tantrique tibétain du XVIe siècle*,
> trad. D. Dussaussoy, Albin Michel, 1982

Le 6e dalai-lama Tshangyang Gyatso (1683-1706) ne prit pas ses vœux de

*moine et fut, jusqu'à sa fin tragique,
déchiré entre ses devoirs religieux et son
amour des plaisirs. Ses poèmes dépouillés
sont parmi les plus beaux de la littérature
tibétaine.*

Grue blanche, bel oiseau,
prête-moi tes ailes !
Je ne m'en vais pas loin :
un jour je reviendrai, par le pays
de Lithang.
                    *
La flèche une fois tirée,
son dard s'enfonce dans la terre.
Sitôt que j'ai revu ma compagne d'enfance,
mon cœur s'est dévolu à elle.
                    *
J'avais tant médité
sur le visage de mon lama,
et rien ne s'est dessiné dans mon esprit
que les traits de mon aimée !
                    *
Si mon esprit qui muse et muse encore,
usait de son absence pour penser au
Dharma
cette vie lui suffirait, ce corps lui suffirait,
Pour devenir Bouddha !

                    Tshanyang Gyatso,
              in *La Raison de l'oiseau*,
                    Fata Morgana, 1986

*Né à Lithang, dans l'est du Tibet,
le 7ᵉ dalaï-lama Kelsang Gyatso
(1708-1757) eut à faire face à une situation
politique difficile. Il se réfugia dans
la spiritualité et la pratique religieuse, et
consacra beaucoup de temps à l'écriture.*

Quelle est l'essence
De tous les enseignements secrets ?
Ce qui profite à l'esprit
et neutralise l'illusion
Le Ciel de l'espace immaculé
j'ai pensé y fondre mon esprit ;
le centre des frais nuages suspendus
j'ai pensé toucher leur moelleux

*Nyoshül Khen Rinpoché (1932-1999),
ascète sans attache, fut l'un des maîtres
de la tradition religieuse de la Grande
Réalisation (Dzogchen). Né au Kham,
il étudia avec les plus grands lamas de
son époque puis s'exila.*

Actes et passions tourmentent l'esprit
sans recours
À l'image de violentes vagues, au ressac
sans relâche
En cette océane contrée du Cycle sans
rivages.
Qu'il repose dans la grande paix qui lui
est naturelle !

                    in *Le Chant de l'illusion*,
                    trad. S. Arguillère,
                    Paris, Gallimard, 2000

*Orgyän Dorjé (1961-), né au sud du Tibet
dans une famille de paysans et travaillant
dans un magazine littéraire au Tibet, est
un des poètes contemporains les plus
représentatifs.*

Sans titre
Privé de la lumière du soleil
Mon corps est devenu glaçon
Privé de la lumière de la lune
Ce que je peux voir s'obscurcit dans la
pénombre
La nature va m'accorder quelque chose :
Une pluie violente, pour assombrir les
monts et les vallées ?
Un ciel pur pour dissiper la pénombre ?
J'attends, j'attends la réponse de la
conscience obscurcie

Une soirée interminable
Les saules s'agitent en tous sens
Le vent froid blesse mon visage
La troupe de mes compagnons d'âge
Disparaît aux limites du ciel.
Devant mes yeux
- Et ne reste qu'une large plaine vide -
Le chant d'hier se mêle aux détritus

L'éclat des sourires s'allie à la neige
J'ai d'abord pensé que tout ceci
N'était qu'un long soupir,
Maintenant – c'est une longue soirée,
interminable.

> in *Action poétique* 157, *op. cit.*,
> trad. Françoise Robin, 1999

Paldan Gyäl (1968-), né à Repkong
en Amdo (Qinghai), obtient un diplôme
de l'Institut des nationalités du Qinghai.
En 1989, il s'exile en Inde, puis en
Angleterre et enfin aux États-Unis où
il poursuit sa quête littéraire tout en
travaillant pour Radio Free Asia.

Offrande
Je suis passé du rêve d'hier soir
Dans un monde terrifiant
Aujourd'hui j'ai perdu mon être
J'ai planté un poignard tranchant dans
mon cœur, me suis tranché la tête
Et l'ai offerte, ornement du Mont Kailash
J'ai enfoncé ma main droite dans la tête
du Magyäl Pomra
Et ai tendu ma main gauche vers le
sommet du Khangka' Riwo
J'ai offert mon pied droit au lac Kokonor
Et fiché mon pied gauche dans le lac
Manasarovar
Ce corps tout entier, difficile à obtenir
Partout j'en fais offrande, graine de mes
membres.

> in *Action poétique* 157, *op. cit.*,
> trad. Françoise Robin, 1999

Né en Amdo, Gedun Chöphel (1904-1951),
ancien moine, esprit éclectique et
iconoclaste, aimant les femmes et grand
voyageur, se situe dans la lignée des
« saints fous ». Celui qui se dénommait
« le mendiant de l'Amdo » fut un
philosophe, poète et dessinateur. Sa vision
critique de la société laïque et monastique
lui valut l'inimitié du gouvernement
tibétain et la prison en 1947.

Où que ce soit, qui que ce soit
À Calcutta, au Népal, à Pékin
Ou à Lhasa au pays des neiges
Si je les observe, tous les hommes ont
pour moi le même comportement, à la
vue du thé, du beurre et des vêtements.
Même ceux qui n'aiment pas le bruit
et le bavardage, dont les manières sont
calmes et disciplinées, n'ont pas d'autres
pensées que celles d'un vieux pêcheur.
Les nobles fiers et crasseux aiment
les louanges et la flatterie, quant au
peuple, il aime la ruse et la tromperie.
Les jeunes, eux, aiment le jeu et les
délices de l'amour, et maintenant presque
tout le monde aime la bière et le tabac.
Les gens sont attachés à leurs familles,
haïssent et refusent ceux d'une autre
origine.
Pour moi, la nature brute de chaque être
humain est semblable à celle d'un bœuf !
Ils vont en pèlerinage à Tsari pour la
renommée, ils pratiquent la difficile
maîtrise du chaud et du froid pour
obtenir leur nourriture, ils récitent la
parole du Conquérant pour quelque
récompense.
Si l'on réfléchit clairement sur ce sujet,
tout est fait pour les biens que l'on en tire.
Gâteaux sacrificiels, offrandes de
nourriture et de boisson, tous ces rites
que nous exécutons ne sont rien qu'une
somptueuse parade.
Bien qu'il n'existe point de bonheur,
pas plus dans la vallée qu'au sommet de
la montagne, nous n'avons d'autre choix
que de demeurer sur cette terre, comme
dans l'étable ou le chenil, jusqu'à ce que
cet illusoire corps de chair et de sang
disparaisse.
Adzi ! une telle franchise va
certainement agacer tout le monde !

> Gedun Chöphel,
> *Le Mendiant de l'Amdo*,
> trad. H. Stoddard,
> Société d'ethnologie, 1985

La médecine tibétaine

Elle trouve son origine à l'époque des rois (VIIᵉ-IXᵉ siècles) et reçoit des influences étrangères diverses, surtout indienne et chinoise. Les principes bouddhiques en sont le fondement. Au XIIᵉ siècle, Yuthok « le Jeune » adapte dans Les Quatre Tantra *des concepts indiens aux conditions tibétaines. La médecine atteint sa maturité au XVIIᵉ siècle. Le régent du Tibet, Sangye Gyatso révise* Les Quatre Tantra, *et en écrit un commentaire,* Le Béryl bleu, *illustrées de 79 peintures. En 1695, il fonde le collège médical du Chakpori à Lhasa réservé aux religieux.*

La théorie physiologique et physiopathologique exposée dans le *Quadruple Traité* a été empruntée pour l'essentiel à l'ayurvéda indien. Les fonctions vitales sont assurées par trois humeurs (bile, phlegme et pneuma) au niveau de structures formées par les sept tissus organiques : chyle, sang, chair, tissu adipeux, os, moelle osseuse et suc reproducteur (sperme ou sang menstruel). Si l'anatomie des organes est rudimentaire, le système canalaire, où circulent les humeurs et autres fluides, est, par contre, l'objet de conceptions sophistiquées reflétant des spéculations religieuses tantriques, en particulier celles qui furent systématisées dans le *Kalacakratantra*. La maladie est définie comme un déséquilibre des humeurs sous l'effet de diverses causes déclenchantes : alimentation, mode de vie, saison, mauvais esprits, etc. La raison d'être d'une médecine serait néanmoins problématique sans un aménagement de la théorie d'absolu déterminisme exercé par les actes passés (*karma*) sur le destin de l'individu. Aussi retrouve-t-on dans la médecine tibétaine une conception qui a été déjà formulée dans l'*Astanghrdayasamhitâ* de Vagbhata (Su., 12) et selon laquelle il y a trois sortes de maladies : celles qui sont dues aux « facteurs pathogènes de la vie présente » et qui relèvent d'un traitement par les remèdes ou par les exorcismes (au cas où elles sont le fait de mauvais esprits) ; celles qui se manifestent en l'absence de cause déclenchante et sont la « maturation du fruit des mauvaises actions passées » (sévères, elles ne peuvent être enrayées que par les dix pratiques vertueuses) ; enfin, celles qui sont graves, bien que les causes déclenchantes soient minimes, et qui associent les facteurs pathogènes de la vie présente et les effets des mauvaises actions passées.

En pratique, le diagnostic repose essentiellement sur l'examen des pouls, qui est un emprunt à la médecine chinoise, mais aussi sur l'interrogatoire, l'inspection et, plus rarement, l'observation des urines. Au nombre des différentes méthodes thérapeutiques enseignées

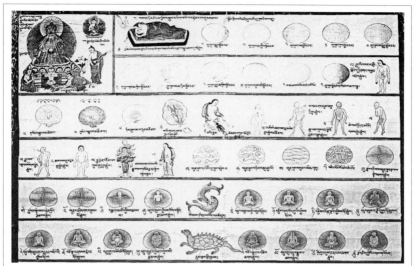

dans le *Quadruple Traité*, après les prescriptions concernant l'alimentation et le mode de vie, les plus employées sont les décoctions, poudres et pilules constituées d'une riche matière médicale végétale, minérale et animale, ainsi que la moxibustion venant de Chine.

[…] Le *Quadruple Traité* élabore une conception qui lui permet de rattacher « rationnellement » la théorie biologique, héritée de l'ayurvéda, aux bases de la philosophie bouddhique. […] Ainsi qu'il est écrit dans le *Quadruple Traité*, « la souffrance est attachée, à l'être, même lorsqu'il se sent bien, tout comme l'ombre suit l'oiseau, bien qu'il vole dans le ciel ». La médecine tibétaine a non seulement repris la classique comparaison entre les trois poisons moraux du bouddhisme et les humeurs de la doctrine ayurvédique, mais elle a, de plus, formulé un lien de causalité entre ceux-ci et celles-là.

[…] En plaçant les trois poisons moraux et, ultimement, la Non-Connaissance à l'origine des humeurs et donc de la vie, la médecine tibétaine prolonge les anciennes conceptions de l'ayurvéda indien afin de les raccorder aux fondements philosophiques du bouddhisme, qui considère que l'existence, même biologique, est conditionnée par des processus mentaux et que l'enchaînement des renaissances ne peut être rompu que par l'accès à la connaissance.

[…] Par ailleurs, la médecine tibétaine est intimement associée au domaine religieux dans sa transmission et ses institutions. […] Enfin, la pratique médicale proprement dite ne saurait être nettement séparée des activités rituelles et liturgiques – ces dernières étant essentiellement dédiées au buddha Maître de Médecine –, bien qu'elles ne soient pas nécessairement associées chez un même spécialiste ou pour un même bénéficiaire.

Fernand Meyer,
extrait de « Médecine et bouddhisme au Tibet », *Grand Atlas des religions*, Encyclopaedia Universalis, 1988

Entre le Tibet et la Chine : l'Accord en 17 points

Le gouvernement chinois obligea la délégation tibétaine à signer ce texte en avril 1951. L'armée chinoise était déjà au Tibet de l'Est. Imposé par les Chinois – qui ne l'ont en outre jamais respecté – il est une des raisons du désenchantement de ces Tibétains qui avaient cru au communisme. « Les autorités chinoises semblent avoir la mémoire courte (écrit un cadre tibétain) : elles ont oublié ce qu'elles disaient. Mao […] déclarait alors à une délégation tibétaine que le gouvernement chinois enverrait quelques soldats et cadres pour aider le peuple tibétain et que, une fois la situation améliorée, les militaires et les fonctionnaires chinois regagneraient immédiatement la Chine. »

Au cours de la deuxième moitié d'avril 1951, les délégués plénipotentiaires du gouvernement local du Tibet sont arrivés à Beijing pour conduire les entretiens avec les représentants plénipotentiaires nommés par le Gouvernement populaire central. Les deux parties se sont finalement entendues pour signer cet accord – ici texte intégral dans sa traduction officielle – et garantir qu'il sera mis à exécution.

1. Le peuple tibétain s'unira et jettera les forces agressives de l'impérialisme hors du Tibet ; le peuple tibétain retournera dans la famille de la mère patrie – la République populaire de Chine.

2. Le gouvernement local du Tibet portera activement assistance à l'Armée populaire de libération pour faciliter son entrée au Tibet et la consolidation de la défense nationale.

3. En accord avec la politique à l'égard des nationalités inscrites dans le Programme commun de la Conférence consultative politique du peuple chinois, le peuple tibétain a le droit d'exercer l'autonomie nationale régionale sous la direction unifiée du Gouvernement populaire central.

4. Les autorités centrales n'altéreront pas le système politique existant au Tibet. Les autorités centrales n'altéreront pas non plus le statut établi, les fonctions et les pouvoirs du dalaï-lama. Les responsables des divers rangs resteront à leur poste comme d'habitude.

5. Le statut établi, les fonctions et les pouvoirs du panchen-erdini (Lama) seront maintenus.

6. Par le statut, les fonctions et les pouvoirs du dalaï-lama et du panchen-erdini (Lama), il est entendu le statut, les fonctions et les pouvoirs du 13e dalaï-lama et du 9e panchen-erdini (Lama) quand ils entretenaient des relations amicales.

7. La politique de liberté de croyance religieuse inscrite dans le Programme commun de la Conférence consultative politique du peuple chinois sera mise en œuvre. Les croyances religieuses, les traditions et les habitudes du peuple tibétain seront respectées et les monastères lamaïques seront protégés. Les autorités centrales ne toucheront pas aux ressources des monastères.

8. Les troupes tibétaines seront réorganisées par étapes au sein de l'Armée populaire de libération et formeront une partie des forces de défense nationale de la République populaire de Chine.

9. La langue parlée et écrite et l'éducation de la nationalité tibétaine seront développées étape par étape en accord avec les conditions réelles au Tibet.

10. L'agriculture, l'élevage, l'industrie et le commerce du Tibet seront développés étape par étape et les moyens d'existence du peuple seront améliorés étape par étape, en fonction des conditions réelles au Tibet.

11. Dans les domaines concernant les différentes réformes au Tibet, il n'y aura pas de contraintes exercées par les autorités centrales. Le gouvernement local du Tibet pourra mettre en œuvre les réformes selon son propre gré et les demandes pour les réformes formulées par le peuple seront réglées par voie de consultation avec les personnels dirigeants du Tibet.

12. En ce qui concerne les anciens responsables pro-impérialistes ou pro-Kuomintang, s'ils coupent résolument leurs liens avec l'impérialisme et le Kuomintang et ne s'engagent pas dans le sabotage et la résistance, ils peuvent continuer à occuper leurs responsabilités, quel que soit leur passé.

13. L'Armée populaire de libération qui entre au Tibet obéira à toutes les politiques mentionnées ci-dessus, sera juste dans les achats et les ventes et ne s'emparera pas arbitrairement même d'une aiguille ou d'un morceau de fil appartenant au peuple.

14. Le Gouvernement populaire central prendra en charge la conduite centralisée de toutes les affaires extérieures du Tibet ; il y aura une coexistence pacifique avec les pays voisins ainsi que l'établissement et le développement avec eux de relations commerciales justes, sur la base de l'égalité, du profit mutuel et du respect mutuel pour le territoire et la souveraineté.

15. Afin de garantir l'application de l'accord, le Gouvernement populaire central va créer une commission militaire et administrative ainsi qu'un quartier général pour la zone militaire au Tibet et, outre l'envoi de personnel, absorbera autant de personnels tibétains que possible pour prendre part au travail. Les personnels tibétains locaux prenant part à la commission militaire et administrative peuvent inclure les éléments patriotiques du gouvernement local tibétain et originaires des différents districts et principaux monastères. La liste des noms sera établie après consultation entre les représentants désignés par le Gouvernement populaire central et les différents milieux concernés et sera soumise au Gouvernement populaire central pour approbation.

16. Les fonds nécessaires pour la commission militaire et administrative ainsi que pour le quartier général de la zone militaire et l'Armée populaire de libération qui entre au Tibet seront fournis par le Gouvernement populaire central. Le gouvernement local du Tibet portera assistance à l'Armée populaire de libération pour l'achat et le transport des aliments, du fourrage et des autres besoins quotidiens.

17. Cet accord entrera en vigueur immédiatement après sa signature et le dépôt des sceaux.

Les Tibétains, le parti et les lamas

Les problèmes politiques entre la Chine et le Tibet ne peuvent se réduire à un affrontement dalaï-lama et gouvernement chinois. D'autres acteurs, moins connus du public, jouent un rôle important et il faut également prendre en compte l'histoire religieuse et le Parti communiste. Ce dossier politique repose sur les sables mouvants de la profondeur historique, des décisions du Parti et des lectures que l'on voudra bien en faire.

En 1950, dans l'esprit de Mao, l'idée communiste de la religion «opium du peuple» doit s'imposer, l'influence temporelle et spirituelle du dalaï-lama doit être érodée coûte que coûte, et la société féodale renversée. C'est le but final que rien ne pourrait arrêter et de nombreux cadres chinois, mais aussi tibétains, sont totalement sincères dans leur construction d'une société nouvelle au Tibet. La prédominance de l'armée et des cadres chinois, les milliers de prisonniers dans les camps de travail, la famine due au Grand Bond en avant, la révolution culturelle, les répressions sanglantes de la fin des années 1980, la mort du panchen-lama en 1989 et la disparition de son incarnation en 1995, enfin les attaques constantes contre le dalaï-lama et le refus de dialogue de la Chine font perdre leurs illusions aux Tibétains qui lui avaient fait confiance.

Certes, la Région autonome du Tibet (RAT) se développe, du moins en statistiques économiques. Le gouvernement chinois et les provinces chinoises contribuent aux infrastructures, le téléphone fonctionne, les marchés sont bien approvisionnés et les boutiques regorgent de produits, y compris de shampoing «trois en un». Le revers du décor est l'aspect social : les Tibétains qui ne maîtrisent pas le chinois sont marginalisés ; les boutiquiers sont essentiellement chinois ; Lhasa est la ville d'Asie où il y a le plus de prostituées par rapport au nombre d'habitants ; alcool et jeux sont des échappatoires.

Pour survivre et supporter la situation, alors que les revirements de politique sont toujours possibles au gré des luttes dans le Parti, les Tibétains sont devenus un peuple schizophrène. Ils profitent des progrès économiques, composent avec les directives politiques, jouent les «connexions», et vivent à côté des Chinois car ils savent que toute révolte ouverte n'a aucune chance d'aboutir étant donné la force de l'armée. Ils «négocient» leur vie à l'intérieur d'un cadre contraignant. En même temps, ils se moquent d'eux-mêmes et de leur karma, méprisent les Chinois qui le leur rendent bien – les mariages interethniques sont rares – et aucun changement n'échappe à leur humour ravageur. Ils se «débrouillent» pour pratiquer leur religion avec une foi que rien ne peut ébranler, et vénèrent les lamas. Beaucoup sont prêts à tous les sacrifices pour que leurs enfants aient une « bonne éducation » et se séparent d'eux à jamais pour les envoyer étudier en Inde. 50 ans d'éducation politique ont glissé sur eux. Leur résilience apparente n'a d'égale que leur détermination profonde.

Le 10e panchen-lama (mort en 1989) symbolise ce peuple tibétain et la présentation de la figure du panchen-lama « collaborateur » opposée à celle du dalaï-lama, « résistant », est réductrice.

Certes, depuis l'exil en 1959 et son prix Nobel de la Paix en 1988, le dalaï-lama a pris une ampleur internationale considérable. Très charismatique, il unit politiquement derrière lui les Tibétains en exil, quelle que soit leur appartenance religieuse ; il favorise aussi un mouvement œcuménique entre les écoles religieuses. Certains grands religieux de son école, les 5e et 8e panchen-lamas étaient nés dans des familles bönpo et aujourd'hui, comme le 5e dalaï-lama l'avait fait au XVIIe siècle, le 14e dalaï-lama reconnaît le Yundrung Bön comme l'une des écoles religieuses du Tibet à égalité avec les quatre écoles bouddhiques. Si chaque école religieuse a son hiérarque – ainsi le Karmapa en exil en Inde depuis 2000 –, le dalaï-lama est politiquement la personne autour duquel tous se retrouvent. Pour l'immense majorité des Tibétains du Tibet, après la mort du 10e panchen-lama, il est devenu une figure vénérée, plus ou moins secrètement par crainte de représailles, comme le symbole de la résistance à l'oppression chinoise.

Toutefois, la question du 11e panchen-lama est un enjeu. On sait qu'en 1642, le 5e dalaï-lama est devenu le chef politique du Tibet et l'école religieuse gelugpa a ainsi accru son influence. En 1662, afin de rendre hommage à son maître qui résidait au monastère de Tashilunpo à Shigatse, le 5e dalaï-lama instaure la lignée d'incarnations des panchen-lamas. Mais à partir du 6e panchen-lama au XVIIIe siècle, ces derniers prennent de plus en plus d'indépendance vis-à-vis du gouvernement tibétain et du dalaï-lama et leur sympathie penche pour la dynastie des Qing qui joue un hiérarque contre l'autre.

Lors de l'invasion chinoise en 1950, le jeune 10e panchen-lama se trouve en Amdo et est pris par les communistes. Il est donc élevé en partie par les Chinois et, après 1959, reste au Tibet. Mais ses critiques de la politique chinoise au Tibet lui valent 18 ans de prison et de mise aux arrêts à Beijing. « Réhabilité », il revient au Tibet en 1978 et est nommé vice-président de la Région autonome ; il œuvre pour le bien-être du peuple tibétain malgré une marge de manœuvre étroite. Très respecté, il s'oppose à la construction d'une usine hydroélectrique sur le lac sacré de Yamdrok Tsho. C'est alors qu'il meurt en 1989, à 51 ans, dans des circonstances mystérieuses, à Tashilunpo.

Le 11e panchen-lama est reconnu par le dalaï-lama au Tibet en 1995, mais le gouvernement chinois rejette cette décision et l'enfant disparaît, devenant ainsi le plus jeune prisonnier politique du monde. Le gouvernement chinois fait reconnaître un autre 11e panchen-lama qui est élevé à Beijing et « est en bonne santé grâce aux bons soins du Comité central et aux efforts des différents départements » (Xinhua). Lors de sa visite au Tibet en juin 2002, il déclare que « les changements dans le Tibet d'aujourd'hui m'ont rendu plus confiant en la sage direction du Comité central du Parti » (Xinhua).

Au-delà de l'aspect pathétique de la disparition d'un enfant et des déclarations d'un autre enfant de 12 ans qui n'est pas responsable de son sort, un problème politique se profile. En effet, comme les dalaï-lamas et les panchen-lamas reconnaissent alternativement leurs incarnations successives, le gouvernement chinois pourrait dans le futur faire reconnaître la réincarnation du dalaï-lama actuel par « leur » panchen-lama. Ironie suprême, le Parti communiste pour qui la religion est anathème, n'hésite pas à débattre et décider du choix de réincarnations. Le dalaï-lama actuel est donc confronté à ces questions de succession qui sont comme toujours au Tibet, politico-religieuses et il a déclaré que « le 15e dalaï-lama naîtrait dans un pays libre ».

Françoise Pommaret

L'espoir du 14e dalaï-lama

[…] Dans le contexte politique actuel tendu, les autorités chinoises du Tibet n'ont cessé, tout au long de l'année passée, d'infliger aux Tibétains de sévères violations des droits de l'homme, et notamment des persécutions religieuses. Cette situation a amené un nombre toujours croissant de Tibétains à fuir le Tibet au péril de leur vie afin de trouver refuge dans un autre pays. L'été dernier, l'échelle et l'intensité de cette répression se sont manifestées par l'expulsion de milliers de moines et nonnes tibétains et chinois de l'institut d'études bouddhiques de Serthar, dans l'est du Tibet. Les violations de ce type montrent clairement à quel point les Tibétains sont privés de toute possibilité d'affirmer et de préserver leur propre identité et leur culture.

La cause de ces violations des droits de l'homme au Tibet réside pour moi dans la suspicion, le manque de confiance et l'absence de compréhension réelle de la culture et de la religion tibétaines. Je l'ai souvent dit par le passé, il est absolument nécessaire que le gouvernement chinois parvienne à une meilleure compréhension de la culture

et de la civilisation tibétaines. J'approuve sans réserve les sages propos de Deng Xiaoping lorsqu'il affirme que nous devons « rechercher la vérité à travers les faits ». Ainsi, nous, les Tibétains, devons accepter et reconnaître les progrès et améliorations dont la domination chinoise du Tibet a fait bénéficier le peuple tibétain. De même, les autorités chinoises doivent comprendre que les Tibétains ont été durement éprouvés pendant les cinq dernières décennies par les souffrances et les destructions subies. Dans son dernier discours public, à Shigatse le 24 janvier 1989, le feu panchen-lama déclarait que la domination chinoise du Tibet avait causé plus de dommages que de bénéfices au peuple tibétain.

La culture bouddhique du Tibet imprègne les Tibétains de valeurs de compassion, de pardon, de patience et de respect pour la vie sous toutes ses formes. Les Tibétains veulent préserver ces valeurs qui pénètrent et enrichissent leur vie quotidienne. Mais hélas, notre culture et notre mode de vie bouddhiques sont menacés d'extinction. La plupart des plans de « développement » chinois au Tibet ont pour objectif l'assimilation totale du Tibet à la société et à la culture chinoises et l'invasion démographique du Tibet par le transfert de nombreux Chinois dans notre pays. Ceci révèle que, malheureusement, la politique chinoise au Tibet est toujours dominée par « l'extrême-gauche » du gouvernement chinois, en dépit des profonds changements intervenus dans la politique du gouvernement et du parti dans les autres régions de la République populaire de Chine. Cette politique est indigne d'une nation et d'une civilisation aussi noble que la Chine, et contraire à l'esprit du XXIe siècle.

[…] J'espère sincèrement que les dirigeants chinois trouveront le courage, la sagesse et la lucidité nécessaires pour résoudre la question tibétaine dans le cadre de négociations. Cette résolution créerait un contexte politique favorable au passage en douceur de la Chine à une nouvelle époque, et améliorerait considérablement l'image de la Chine dans le monde. Elle aurait également un fort retentissement sur la population de Taiwan et contribuerait à améliorer les relations sino-indiennes en rétablissant la confiance entre les deux pays.

Les périodes de changement sont aussi des périodes d'opportunité. Je crois sincèrement que le temps viendra du dialogue et de la paix, parce que la Chine n'a pas d'autre choix en ce qui nous concerne. La situation actuelle au Tibet ne satisfait aucune des revendications des Tibétains et ne contribue en rien à la stabilité ni à l'unité de la République populaire de Chine. Cela, les dirigeants de Beijing devront le reconnaître tôt ou tard. Pour moi, je reste prêt au dialogue. Au premier signe positif de la part de Beijing, mes représentants sont prêts à rencontrer les représentants du gouvernement chinois, en quelque lieu et à quelque date que ce soit.

Ma position concernant la question tibétaine est claire. Je ne demande pas l'indépendance. Comme je l'ai dit à de nombreuses reprises, ce que je demande est le droit pour les Tibétains de disposer d'une autonomie suffisante pour leur permettre de préserver leur civilisation, afin que prospèrent et se développent la culture, la langue, la religion et le mode de vie qui font la spécificité tibétaine. Pour y parvenir, il est indispensable que les Tibétains puissent gérer leurs affaires intérieures et décider librement de leur développement social, économique et culturel.

Nous poursuivons dans l'exil la démocratisation du pouvoir politique tibétain. En mars dernier, j'ai informé les représentants élus de l'Assemblée des députés du peuple tibétain que les exilés tibétains devaient élire directement le prochain Kalon Tripa (président du cabinet tibétain). En conséquence, en août dernier et pour la première fois dans l'histoire du Tibet, les exilés tibétains ont élu au suffrage direct Samdhong Rinpoche, nouveau Kalon Tripa, par plus de 84 % des suffrages exprimés.

[…] Je profite de cette occasion pour remercier les nombreuses personnes, y compris les membres de gouvernements, d'assemblées parlementaires et d'organisations non-gouvernementales qui nous ont soutenus sans discontinuer dans notre lutte non-violente pour la liberté. Il est fort encourageant de constater que des universités, des écoles, des groupes religieux et sociaux, des communautés d'artistes et d'entreprises ainsi que des personnes de toutes origines ont compris le problème du Tibet et expriment leur solidarité à l'égard de notre cause. Nous avons également pu établir des relations cordiales et amicales avec des bouddhistes chinois ainsi qu'avec des Chinois vivant à l'étranger et à Taiwan.

[…] Pour finir, je voudrais rendre hommage à la bravoure des hommes et aux femmes du Tibet qui ont sacrifié leur vie et continuent à le faire pour la cause de notre liberté et je prie pour que les souffrances de notre peuple prennent bientôt fin.

Discours prononcé par
le 14e dalaï-lama le 10 mars 2002,
jour de commémoration
de l'insurrection de Lhasa,
trad. Nanon Gardin

LIGNÉES DES DALAÏ-LAMAS ET DES PANCHEN-LAMAS

LES DALAÏ-LAMAS

- 1er dalaï-lama (nommé rétroactivement) : Gendün Drub (1391-1475)
- 2e dalaï-lama (nommé rétroactivement) : Gyalwa Gendün Gyatso (1475-1542/1543)
- 3e dalaï-lama : Gyalwa Sonam Gyatso (1543-1588)
- 4e dalaï-lama : Yönten Gyatso (1589-1617)
- 5e dalaï-lama : Ngawang Lobsang Gyatso (1617-1682)
- 6e dalaï-lama : Rigdzin Tshangyang Gyatso (1683-1706)
- 7e dalaï-lama : Kelsang Gyatso (1708-1757)
- 8e dalaï-lama : Jampel Gyatso (1758-1804)
- 9e dalaï-lama : Lungtok Gyatso (1806-1815)
- 10e dalaï-lama : Tsultrim Gyatso (1816-1837)
- 11e dalaï-lama : Khedrup Gyatso (1838-1856)
- 12e dalaï-lama : Trinle Gyatso (1856-1875)
- 13e dalaï-lama : Thubten Gyatso (1875-1933)
- 14e dalaï-lama : Tenzin Gyatso (6 juillet 1935)

LES PANCHEN-LAMAS

Les dates diffèrent légèrement selon les sources.

- 1er panchen-lama (nommé rétroactivement) : Kedrup Je (1385-1438)
- 2e panchen-lama (nommé rétroactivement) : Sonam Choklang (1439-1504)
- 3e panchen-lama (nommé rétroactivement) : Lobsang Dondrup (1505-1566)
- 4e panchen-lama (1er à être déclaré de son vivant) : Lobsang Choegyen (1567-1662)
- 5e panchen-lama : Lobsang Yeshe (1663-1737)
- 6e panchen-lama : Palden Yeshe (1738-1780)
- 7e panchen-lama : Tenpe Nyima (1782-1853/1854)
- 8e panchen-lama : Tenpe Wangchuk (1854/55-1882)
- 9e panchen-lama : Choeki Nyima (1883-1937)
- 10e panchen-lama : Choeki Gyeltshen (1938-1989)
- 11e panchen-lama (reconnu par le 14e dalaï-lama en 1995 et mis « au secret » depuis par le gouvernement chinois) : Gedhun Choeki Nyima (1989-)
- 11e panchen-lama (présenté par le gouvernement chinois ; surnommé « le panchen-lama chinois ») : Gyeltsen Norbu (1990-)

BIBLIOGRAPHIE

Livres

- Ama Adhe, *La voix de la mémoire*, Saint-Jean-de-Braye, Éditions Dangles, 1999.
- Ani Patchèn & Donnelley, Adelaide, *Et que rien ne te fasse peur… le combat d'une princesse tibétaine*, Paris, Éditions Nil, 2001.
- Avedon, John, *Loin du pays des neiges,* Paris, Calmann-Levy, 1985.
- Bacot, Jacques, *Le Tibet révolté*, Paris, Peuples du Monde, 1988 (1re éd. 1912).
- Bacot Jacques, *Milarepa*, Paris, Fayard, 1971.
- Béguin, Gilles, *Les Peintures du bouddhisme tibétain-Musée des arts asiatiques Guimet*, Paris, Réunion des musées Nationaux, 1995.
- George Bogle, *Mission au Bhoutan et au Tibet*, trad. de J. Thevenet, Paris, Éditions Kimé, 1996.
- Blondeau, AM & Buffetrille, Katia (éd.), *Le Tibet est-il chinois ? Réponses à cent questions chinoises*, Paris, Albin-Michel, 2002.
- Buffetrille, Katia & Ramble, Charles (éd.), *Tibétains : 1959-1999. 40 ans de colonisation*, Paris, Éditions Autrement, 1998.
- Chayet, Anne, *Manuel d'art et d'archéologie du Tibet*, Paris, Éditions Picard, 1994.
- Chayet, Anne, *La Femme au temps des dalai lamas*, Paris, Stock, 1993.
- Philippe Cornu, *Padmasambhava*, Points Sagesses, Paris, Seuil, 1997.
- Cosey, *Série Jonathan*, Bruxelles, Le Lombard, 1977-1997.
- Dalaï-Lama, Tenzin Gyatso, *Mon pays et mon peuple*, Genève, Olizane, 1984.
- Dagpo Rimpotché, *Le Lama venu du Tibet*, Paris, Grasset, 1998.
- David-Néel, Alexandra, *Voyage d'une Parisienne à Lhasa*, Paris, Plon, 1983 (1re éd. 1927).
- David-Néel, Alexandra, *Journal de Voyage*, Paris, Plon, 1991.
- Deshayes, Laurent, *Histoire du Tibet,* Paris, Fayard, 1997.
- Deshayes, Laurent, *Lexique du bouddhisme tibétain*, Éditions Dzambala, 1999.
- Désiré-Marchand, Joëlle, *Les itinéraires d'Alexandra David-Néel*, Paris, Arthaud, 1996.
- Didier, Hugues, *Les Portugais au Tibet, premières relations jésuites*, Paris, Éditions Chandeigne, 1996.
- Donnet, Pierre-Antoine *Tibet : mort ou vif*, Paris, Gallimard/Folio Actuel 33, 1992.
- Ford, Robert, *Tibet Rouge*, Genève, Olizane, 1999.
- Goldstein, Melvyn, *A History of Modern Tibet, 1913-1951, The Demise of the Lamaist State*, Berkeley, University of California Press, 1989.

- Govinda, Lama, *Le Chemin des nuages blancs*, Paris, Albin Michel, 1976.
- Gyatso, Nathalie, *Vers l'art sacré du Tibet*, Vernègues, Éditions Claire Lumière, 1994.
- Havnevik, Hanna, *Combat des nonnes tibétaines*, St Michel en l'Herm, Éditions Dharma, 1995.
- Helffer, Mireille, *Les Chants dans l'épopée tibétaine de Gesar d'après le livre de la course de cheval*, Genève-Paris, Droz, 1977.
- Heller, Amy, *Arts et sagesses du Tibet*, La Pierre-qui-Vire, Éditions du Zodiaque, 1999.
- Hergé, *Tintin au Tibet*, Castermann, 1960.
- Karmay, Samten & Sagant, Philippe *Les Neuf Forces de l'Homme : récits des confins du Tibet*, Nanterre, Société d'Ethnologie, 1998.
- Karmay, Samten *Le Manuscrit d'or : visions secrètes du 5e Dalaï-Lama*, Paris, Éditions Findakly, 1999.
- Khedrup, Tashi, *Mémoires d'un moine guerrier tibétain*, Genève, Éditions Olizane, 1991.
- Lamothe, Marie-José, *La Vie de Milarépa*, Paris, Seuil, 1995.
- Lamothe, Marie-José, *Dans les pas de Milarépa : de l'Everest au mont Kaïlash*, Paris, Albin Michel, 1998.
- Landon, Perceval, *Lhasa : the Mysterious City*, Delhi, Kailash Publishers, 1978, 2 vol. (1re éd. 1905).
- Lehman, Steve & Barnett, Robert, *Les Tibétains en lutte pour leur survie,* Paris, Éditions Hoëbeke, 1999.
- Lopez, Donald (trad.), *Prisoners of Shangri-la*, Paris, Autrement, 2002.
- Martin du Gard, Irène, «Génies et démons au Tibet», in *Génies, Anges et Démons*, Seuil, Paris, 1971, pp. 385-427.
- Meyer, Fernand, *gSo ba rig pa. Le système médical tibétain*, Paris, CNRS Éditions, 2002 (1re éd. 1988).
- Nyoshül Khen Rinpoché, *Le Chant de l'illusion et autres poèmes*, traduit du tibétain, présenté et annoté par Stéphane Arguillère, Connaissance de l'Orient, Paris, Gallimard, 2000.
- Palden Gyatso, *Le Feu sous la neige : mémoires d'un moine tibétain*, Arles, Actes Sud, 1997.
- Pommaret, Françoise, *Les Revenants de l'au-delà dans le monde tibétain*, Paris, CNRS Éditions, 1998 (1re éd. 1989).
- Pommaret, Françoise (éd.), *Lhasa, lieu du divin*, Genève, Éditions Olizane, 1997.
- Ribes, Jean-Paul, *Karmapa*, Fayard, Paris, 2000.
- Snelling, John *L'Essentiel du bouddhisme*, Paris, Calmann-lévy, Sagesses, 1997.
- Stein, Rolf, *La Civilisation tibétaine*, Asiathèque, Paris, 1996.
- Ricard, Matthieu, *L'Esprit du Tibet, la vie et le monde de Dilgo Khyentsé maître spirituel*, Paris, Seuil, 1996.
- Stoddard, Heather, *Le Mendiant de l'Amdo*, Nanterre, Société d'ethnologie, 1985.
- Taylor, Michael, *Le Tibet de Marco Polo à Alexandra David-Néel*, Paris, Payot, 1985.
- Tcheuky Sengue, *Petite encyclopédie des divinités et symboles du bouddhisme tibétain*, St Cannat, Éditions, Claire Lumière, 2002.
- TIN (Tibet Information Network), *Cutting off the Serpent's Head*, London, 1996.
- TIN (Tibet Information Network), *Leaders in Tibet*, London, 1997.
- Tsering Shakya, *The Dragon in the Land of Snows : a History of Modern Tibet Since 1947*, Londres, Pimlico, 1999.
- Tucci, Giuseppe, *Tibet pays des neiges*, (1970) Paris, Éditions Kailash, 1999.

CD-Rom

- Lionel Fournier et Gérard Joudet, *Tibet : de la sagesse à l'oubli*, Bernard Coulon Expressions, Paris, 1999.

CD audio

- Philip Glass, *Kundun*, Warner Music, 1997.
- Lama Gyurme & Jean-Philippe Rykiel, *Rain of Blessings/Vajra chants*, Real World, 2000.
- Ngawang Khechog, *Best of Ten Years*, Tibet Universal Music publishing.
- Tenzin Gönpo, *In Memory of Tibet*, Compagnie Tshangpa, Paris. 1999.
- Yangchen Lhamo, *Tibet, Tibet*, Real World, 2000.

Et de nombreux CD de musique et chants religieux.

SÉLECTION DE SITES WEB (EN FRANÇAIS ET ANGLAIS)

- China's Tibet : www.tibetinfor.com
- Comité de soutien au peuple tibétain-France : www.tibet-info.net
- France-Tibet : www.tibet.fr
- Himalayan art project (S. & D. Rubin Foundation) : www.tibetart.com
- International Campaign for Tibet (USA) : www.savetibet.org
- People's Daily : www.snweb.com
- Radio Free Asia : www.rfa.org
- Tibet Information Network (TIN) : www.tibetinfo.net
- Tibetan Bulletin : tibetnews.com
- Tibetan government in exile : www.tibet.net

INDEX

QUAND Emile Guimet proposa d'offrir à la République ses collections d'art oriental, ses mantras et [...], c'est en ricanant [...] de Paris de 1885, [...]icléricale, accorda [...]ur ce « *musée des* [...] (1). Les temps ont [...]. Aujourd'hui le [...]st furieusement à [...]gré quelques pré- [...]matiques pour ne [...] Chine et ne pas [...]e la vente de nos [...]in, la République [...]ï-lama, reçu en [...]e ce mercredi à [...]nationale.« L'Ex- [...]igaro », le « Figaro [...]ous expliquent à [...]nes que pour être [...]t être bouddhiste, [...]nspirés aussi in- [...]ne l'acteur Richard [...]man, l'actrice Stéphane Audran (« *le zen c'est mieux que Le Pen* ») et le chanteur gnangnan Yves Duteil (*chiraquien de tendance « jusqu'au bouddhiste* »). On fait

icônes « vivifiées » signale [...] immense intelligence. Po[...] ce bouddhisme-là (il en [...] d'autres variétés, avec co[...] et sous-courants...) n'a to[...] pas fait son Vatican II. Sa[...] gie est lourde, moyenâge[...] son chef continue à se [...] vénérer par toutes sort[...] noms ronflants à rendre [...] Alain Delon : « *dieu viv* [...] « *océan de la sagesse* », « *protecteur* », «*précieux* [...] *rieux* », « *joyau accompli* », [...] *sence* »... C'est vrai que le [...] lama a de la présenc[...] charme. Il est nettemen[...] drôle que Jean-Paul [...] n'hésite pas à poser à c[...] Naomi Campbell, lui. Pou[...] ver le petit Tibet des grif[...] l'immense Chine, il [...]e da [...] une telle fougue qu'on [...] ses péchés de jeuness[...] années où il prêchait la [...] boration avec les Chi[...] trouvait plein de qualit[...]

CRÉDITS PHOTOGRAPHIQUES

Académie des sciences de Lisbonne 82h. AKG 62, 84h. AKG/Werner Forman 143. AKG/Erich Lessing 58-59. AKG/Gilles Mermet 128. Archives Gallimard 78, 84b, 85, 87h, 87b. Bibliothèque nationale de France, Paris 55, 80, 81. Bridgeman 70, 72, 86. Christian Chedeville 21. Coll. Jean-Yves Berthault 68b, 73, 88-89b, 90. Coll. Jean-Yves Berthault/Sven Hedin 92-93. Coll. part. 54, 77, 89, 96, 98. Corbis Sygma/Ellis Richard 124. Corbis/Bettmann 97, 107. Corbis/Hanan Isachar 117d. D. D. Tsarong/Conservatoire régional de l'Image, Nancy Lorraine 74-75h. D.N. Tsarong/Conservatoire régional de l'image, Nancy Lorraine 75. D.R. 108, 126. Fondation Alexandra David-Néel, Digne-les-Bains 76, 95. Françoise Pommaret Dos, 15, 19d, 28, 28-29b, 31, 34, 35b, 41, 49h, 56-57h, 60b, 61, 66-67h. Gamma/Frédéric Reglain 6-7, 8-9. Hugh Richardson/Pitts River Museum, Oxford 94. Jacques Bacot 91. Katia Buffetrille 4ᵉ plat, 1, 2-3, 16h, 16b, 18g, 19g, 22, 23h, 23b, 25, 29, 40h, 40b, 49b, 52h, 57, 127h. Keystone 103, 104, 105, 106b, 114 Lionel Fournier 32, 37, 51, 52b, 53, 56, 60h, 63, 68h. Ward Holmes/Tshurpu Foundation 42. P. Leviel 160. Magnum/Erich Lessing 18d, 20. Magnum/Eve Arnold 17, 115. Magnum/Carl De Keyzer 129. Magnum/Martine Franck 12, 43. Magnum/Hiroji Kubota 38-39. Magnum/Raghu Rai 119. Magnum/Marilyn Silverstone 109, 110-111. Maxppp/ImagineChina 100. Rapho/Bill Wassman 1ᵉʳ plat de couverture, 24. Rapho/Olivier Föllmi 11, 27, 48, 66b, 125. Rapho/Kazuyoshi Nomachi 4-5, 101. Rapho/Gérard Sioen 64, 116-117. Réunion des musées nationaux 44. Réunion des musées nationaux/Arnaudet 26, 30, 35h. Réunion des musées nationaux/Lambert 46, 47, 69. Réunion des musées nationaux/Ojéda 36. Réunion des musées nationaux/PLeynet 45. Réunion des musées nationaux/Ravaux 33. Réunion des musées nationaux/Schormans 50. Reuters/Maxppp/Petr Josek 127b. Scala 79. Sipa Press 112. Sipa Press/Associated Press 118. Tenzin 13, 65, 132, 137. The Royal Collection/A. C. Cooper Ltd ©HM Queen Elizabeth II 71. Tibet Images 102, 106h. Tibet Images/Anders Andersen 122. Tibet Images/Sean Jones 112-113h. Tibet Images/Stone Routes 123. Tibet Information Network 113b. Jean Vigne 82b, 83, 88.
©Steve Lehman/*The Tibetans : A Struggle to survive* or Steve Lehman/*Les Tibétains : en lutte pour leur survie* 120-121. ©Hergé/Moulinsart 2002 99.

ÉDITION ET FABRICATION

DÉCOUVERTES GALLIMARD
COLLECTION CONÇUE par Pierre Marchand.
DIRECTION Élisabeth de Farcy.
COORDINATION ÉDITORIALE Anne Lemaire.
GRAPHISME Alain Gouessant.
COORDINATION ICONOGRAPHIQUE Isabelle de Latour.
SUIVI DE PRODUCTION Fabienne Brifault-Dandé.
SUIVI DE PARTENARIAT Madeleine Gonçalves.
PROMOTION & PRESSE Brigitte Benderitter et Pierre Gestède.

LE TIBET, UNE CIVILISATION BLESSÉE
ÉDITION Caroline Larroche.
MAQUETTE ET MONTAGE David Alazraki.
ICONOGRAPHIE Any-Claude Médioni.
LECTURE-CORRECTION Jocelyne Marziou.
PHOTOGRAVURE Turquoise.

Docteur en ethnologie, Françoise Pommaret a beaucoup voyagé au Tibet
et au Bhoutan où elle travaille depuis 1981. Chargée de recherches en histoire au sein
de la Bhutan Tourism Corporation (1981-1986), puis au Département de l'Éducation
du Gouvernement royal du Bhoutan, elle est aujourd'hui chercheur au CNRS,
spécialisée en histoire et ethnologie de l'aire tibétaine, et chargée de cours
à l'INALCO. Outre de très nombreux articles scientifiques mais aussi d'intérêt
général, elle est l'auteur des *Revenants de l'Au-delà dans le monde tibétain*
(Éd. CNRS, Paris, 1989), *Bhutan : Mountain Fortress of the Gods*
(Serindia, Londres, 1997, en collaboration avec C. Schicklgruber), *Bhoutan*
(Guide Olizane, Genève, 2002), et elle est l'éditeur scientifique de *Lhasa :
Lieu du Divin* (Olizane, Genève, 1997). En 2001, La Cinq-Arte a consacré un reportage
à son travail au Bhoutan, dans la série « Aventures de Femmes ».

Pour S. K. et le peuple tibétain

*Dépôt légal : octobre 2002
Numéro d'édition : 04930
ISBN : 2-07-076299-8
Imprimerie Moderne de l'Est
25110 Baume-Les-Dames
Numéro d'impression : 16392*